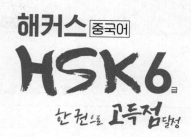

KB100457

HSK6급

고득점 대비 핵심어휘집

필수 · 빈출 · 고득점 어휘
예문으로 익히는 유의어 · 사자성어

해커스

mp3 바로듣기

HSK 6급에서 꼭 알아두어야 할 필수 어휘를 공통글자를 통해 반드시 암기한다.

☑ 잘 외워지지 않는 표현은 박스에 체크하며 복습하세요.　　　　　　　　🎧 필수 어휘_1_bai-fa

| 拜 bài 방문하다, 존경하다 | 001 ☐ | 拜访 | bàifǎng | 통 방문하다, 찾아뵙다 |
| | 002 ☐ | 崇拜 | chóngbài | 통 숭배하다 |

| 包 bāo 감싸다, 싸매다 | 003 ☐ | 包围 | bāowéi | 통 포위하다, 에워싸다 |
| | 004 ☐ | 包装 | bāozhuāng | 통 포장하다 명 포장 |

保 bǎo 보호하다, 보장하다, 유지하다	005 ☐	保管	bǎoguǎn	통 보관하다 명 보관인
	006 ☐	保养	bǎoyǎng	통 손질하다, 보양하다
	007 ☐	保障	bǎozhàng	통 (생명·재산·권리 등을) 보장하다, 보증하다 명 보장, 보증
	008 ☐	确保	quèbǎo	통 확실히 보장하다, 확보하다

本 běn 자기의 것, 본전, 근본	009 ☐	本人	běnrén	대 (1인칭·사건의) 본인, 당사자
	010 ☐	本身	běnshēn	대 자신, 그 자체
	011 ☐	标本	biāoběn	명 (동물·식물·광물 등의) 표본
	012 ☐	剧本	jùběn	명 극본, 대본
	013 ☐	资本	zīběn	명 자본, 밑천

不 bù 부정을 나타냄	014 ☐	不料	búliào	접 뜻밖에, 의외에
	015 ☐	不妨	bùfáng	부 (~하는 것도) 괜찮다, 무방하다
	016 ☐	不禁	bùjīn	부 자기도 모르게, 견디지 못하고
	017 ☐	不时	bùshí	부 이따금, 종종 명 불시
	018 ☐	不止	bùzhǐ	통 그치지 않다, 멈추지 않다 부 ~을 넘다

| 场 chǎng 무대, 장소, 어떤 활동의 범위 | 019 ☐ | 场面 | chǎngmiàn | 명 (극 또는 영화의) 장면 |
| | 020 ☐ | 场所 | chǎngsuǒ | 명 장소 |

| 畅 chàng 막힘이 없다, 통쾌하다 | 021 ☐ | 畅通 | chàngtōng | 형 원활하다, 막힘없이 잘 통하다 |
| | 022 ☐ | 畅销 | chàngxiāo | 통 잘 팔리다, 판로가 넓다 |

沉 chén 가라앉다, 심하다, 잠기다	023 ☐	沉淀	chéndiàn	통 쌓이다, 침전하다 명 침전물
	024 ☐	沉思	chénsī	통 깊이 생각하다, 심사숙고하다
	025 ☐	沉重	chénzhòng	형 (무게·기분·부담 등이) 몹시 무겁다, 우울하다
	026 ☐	沉着	chénzhuó	형 침착하다, 차분하다

成 chéng 이루다, 성공하다, 완성하다	027 ☐	成本	chéngběn	명 원가, 자본금
	028 ☐	成效	chéngxiào	명 효과, 효능
	029 ☐	成员	chéngyuán	명 구성원
	030 ☐	达成	dáchéng	통 도달하다, 달성하다
	031 ☐	合成	héchéng	통 합성하다

冲 chōng 충돌하다, 부딪치다	032 ☐ 冲动	chōngdòng	몡 충동 휑 충동적이다
	033 ☐ 冲击	chōngjī	통 충격을 입게 하다, (물이나 파도 등에) 부딪치다
	034 ☐ 冲突	chōngtū	통 충돌하다, 모순되다
创 chuàng 처음으로 하다, 참신하다, 창조하다	035 ☐ 创立	chuànglì	통 창립하다, 창설하다
	036 ☐ 创新	chuàngxīn	통 혁신하다 몡 창의성, 창의
	037 ☐ 创业	chuàngyè	통 창업하다
	038 ☐ 创作	chuàngzuò	통 (문예 작품을) 창작하다 몡 창작물, 문예 작품
大 dà 크다, 많다, 대단히	039 ☐ 大臣	dàchén	몡 대신, 중신
	040 ☐ 大致	dàzhì	휑 대략적인 튀 대체로, 대개
	041 ☐ 放大	fàngdà	통 (화상·소리·기능 등을) 확대하다, 크게 하다
	042 ☐ 庞大	pángdà	휑 방대하다
代 dài 대신하다, 대체하다, 세대	043 ☐ 代价	dàijià	몡 대가, 가격
	044 ☐ 当代	dāngdài	몡 당대, 그 시대
	045 ☐ 历代	lìdài	몡 역대
	046 ☐ 世代	shìdài	몡 대대, 세대
当 dāng / dàng 바로 그, 말다 / 알맞다, 적합하다	047 ☐ 当初	dāngchū	몡 당초, 당시, 처음
	048 ☐ 恰当	qiàdàng	휑 알맞다, 적절하다
	049 ☐ 正当	zhèngdàng	휑 정당하다
动 dòng 행동하다, 움직이다	050 ☐ 动机	dòngjī	몡 동기
	051 ☐ 动静	dòngjing	몡 인기척, 움직임
	052 ☐ 动力	dònglì	몡 (일·사업 등을 추진시키는) 원동력, 동력
	053 ☐ 动脉	dòngmài	몡 동맥
	054 ☐ 举动	jǔdòng	몡 행동, 동작
对 duì 대응하다, 대조하다, 옳다	055 ☐ 对应	duìyìng	통 대응하다 휑 대응하는, 상응하는
	056 ☐ 对照	duìzhào	통 대조하다, 비교하다
发 fā 발생하다, 쏘다, 표출하다, 보내다	057 ☐ 发呆	fādāi	통 멍해지다, 넋을 잃다
	058 ☐ 发动	fādòng	통 일으키다, 발동하다
	059 ☐ 发射	fāshè	통 (총알·미사일·전파 등을) 발사하다, 쏘다
	060 ☐ 发行	fāxíng	통 (화폐·우표·출판물 등을) 발행하다, 발매하다
	061 ☐ 爆发	bàofā	통 폭발하다
	062 ☐ 激发	jīfā	통 (감정을) 불러일으키다, 끓어오르게 하다

☑ 잘 외워지지 않는 표현은 박스에 체크하며 복습하세요.

🎧 필수 어휘_2_fan-jin

繁 fán 번잡하다, 많다, 번식하다	063 ☐	繁华	fánhuá	혱 (도시·거리가) 번화하다
	064 ☐	繁忙	fánmáng	혱 (일이 많아서) 바쁘다, 여유가 없다
	065 ☐	繁殖	fánzhí	동 번식하다
反 fǎn 반대의, 뒤집다, 바꾸다	066 ☐	反感	fǎngǎn	명 반감, 불만 혱 불만스럽다
	067 ☐	反馈	fǎnkuì	동 피드백하다, (정보·반응이) 되돌아오다
	068 ☐	反面	fǎnmiàn	명 뒷면, 이면 혱 부정적인, 소극적인
	069 ☐	反射	fǎnshè	동 반사하다
	070 ☐	反思	fǎnsī	동 (지난 일을) 되돌아보다, 반성하다
	071 ☐	反之	fǎnzhī	접 이와 반대로, 바꿔 말하면
方 fāng 지방, 곳	072 ☐	方位	fāngwèi	명 위치, 방위, 방향
	073 ☐	方言	fāngyán	명 방언
分 fēn 분배하다, 분별하다, 나누다	074 ☐	分寸	fēncun	명 (일이나 말의) 적당한 정도, 분수
	075 ☐	分解	fēnjiě	동 분해하다
	076 ☐	分泌	fēnmì	동 분비하다
	077 ☐	分明	fēnmíng	혱 분명하다, 명확하다 부 명백히, 분명히
	078 ☐	划分	huàfēn	동 구분하다, 나누다
	079 ☐	万分	wànfēn	부 대단히, 극히
风 fēng 바람, 풍격, 풍속	080 ☐	风暴	fēngbào	명 폭풍
	081 ☐	风味	fēngwèi	명 풍미, 특색
干 gān 건조하다, 마르다, 저촉되다	082 ☐	干旱	gānhàn	혱 메마르다, 가물다
	083 ☐	干扰	gānrǎo	동 방해하다, 지장을 주다
公 gōng 공공의, 공평하다	084 ☐	公认	gōngrèn	동 공인하다, 모두가 인정하다
	085 ☐	公正	gōngzhèng	혱 공정하다, 공명정대하다
孤 gū 고독하다, 외롭다	086 ☐	孤独	gūdú	혱 고독하다, 외롭다
	087 ☐	孤立	gūlì	혱 고립되다 동 고립하다, 고립시키다
固 gù 본래, 견고하다, 튼튼하다	088 ☐	固有	gùyǒu	혱 고유의
	089 ☐	固执	gùzhi	혱 (성격이나 태도가) 고집스럽다, 완고하다
光 guāng 빛, 영예	090 ☐	光辉	guānghuī	명 찬란한 빛, 눈부신 빛 혱 찬란하다, 눈부시다
	091 ☐	光芒	guāngmáng	명 빛, 빛살
规 guī 규범, 계획하다	092 ☐	规范	guīfàn	명 규범 혱 규범에 맞다 동 규범화하다
	093 ☐	规格	guīgé	명 규격
	094 ☐	规划	guīhuà	명 계획 동 계획하다, 기획하다

航 háng 운항하다	095 ☐ 航空	hángkōng	통 항공하다, 비행하다
	096 ☐ 航天	hángtiān	통 우주 비행하다
	097 ☐ 航行	hángxíng	통 항해하다, 항행하다
和 hé 온화하다, 화해하다, 조화롭다	098 ☐ 和蔼	hé'ǎi	형 상냥하다, 사근사근하다
	099 ☐ 和解	héjiě	통 화해하다
	100 ☐ 和气	héqi	형 온화하다, 화목하다 명 화목한 감정
	101 ☐ 和谐	héxié	형 조화롭다, 화목하다
化 huà 변화하다, 변화시키다, 녹다	102 ☐ 化石	huàshí	명 화석
	103 ☐ 化妆	huàzhuāng	통 화장하다
	104 ☐ 融化	rónghuà	통 (얼음·눈 따위가) 녹다, 용해되다
回 huí 답하다, 되돌리다, 방향을 바꾸다	105 ☐ 回报	huíbào	통 보답하다, 보복하다
	106 ☐ 回避	huíbì	통 회피하다, 피하다
	107 ☐ 回收	huíshōu	통 회수하다, 되찾다
机 jī 기계, 기기, 민첩한	108 ☐ 机构	jīgòu	명 기구[기관·단체 등의 업무 단위]
	109 ☐ 机灵	jīling	형 영리하다, 약삭빠르다
	110 ☐ 机械	jīxiè	명 기계, 기계 장치 형 융통성이 없다, 기계적이다
	111 ☐ 机智	jīzhì	형 슬기롭다, 기지가 넘치다
加 jiā 더하다, 넣다	112 ☐ 加工	jiāgōng	통 가공하다, 다듬다
	113 ☐ 施加	shījiā	통 (압력·영향 등을) 주다, 가하다
坚 jiān 단단하다, 굳건하다	114 ☐ 坚固	jiāngù	형 견고하다, 튼튼하다
	115 ☐ 坚韧	jiānrèn	형 (의지·정신력 등이) 강인하다
	116 ☐ 坚实	jiānshí	형 견실하다, 견고하다
	117 ☐ 坚硬	jiānyìng	형 단단하다, 견고하다
鉴 jiàn 관찰하다, 본보기, 비추다	118 ☐ 鉴定	jiàndìng	통 감정하다, 평가하다 명 평가서
	119 ☐ 借鉴	jièjiàn	통 참고로 하다, 본보기로 삼다
节 jié 마디, 단락, 기념일	120 ☐ 节奏	jiézòu	명 리듬, 박자
	121 ☐ 环节	huánjié	명 부분, 일환
解 jiě 풀다, 없애다, 해석하다, 이해하다	122 ☐ 解放	jiěfàng	통 해방하다, 속박에서 벗어나다
	123 ☐ 辩解	biànjiě	통 해명하다, 변명하다
	124 ☐ 谅解	liàngjiě	통 양해하다, 이해해 주다
进 jìn 나아가다, 들어가다	125 ☐ 进攻	jìngōng	통 공격하다, 진공하다
	126 ☐ 进化	jìnhuà	통 진화하다, 발전하다
	127 ☐ 进展	jìnzhǎn	통 진전하다, 진행하다

☑ 잘 외워지지 않는 표현은 박스에 체크하며 복습하세요.   🎧 필수 어휘_3_jing-qing

惊 jīng 놀라다, 놀라게 하다				
	128 ☐	惊奇	jīngqí	혱 놀라며 의아해하다, 경이롭게 생각하다
	129 ☐	惊讶	jīngyà	혱 놀랍다, 의아스럽다

精 jīng 정화, 정교하다, 능숙하다				
	130 ☐	精华	jīnghuá	몡 정수, 정화
	131 ☐	精确	jīngquè	혱 정확하다, 정밀하고 확실하다
	132 ☐	精通	jīngtōng	동 통달하다, 정통하다
	133 ☐	精心	jīngxīn	혱 정성을 들이다, 몹시 조심하다

开 kāi 개척하다, 열다, 지불하다, 몰다				
	134 ☐	开采	kāicǎi	동 (지하자원을) 채굴하다, 발굴하다
	135 ☐	开朗	kāilǎng	혱 (성격이) 명랑하다
	136 ☐	开明	kāimíng	혱 깨어 있다, 진보적이다
	137 ☐	开拓	kāituò	동 넓히다, 개척하다
	138 ☐	开展	kāizhǎn	동 전개되다, (전람회·전시회 등이) 열리다　혱 활달하다
	139 ☐	开支	kāizhī	동 지출하다, 지불하다　몡 지출, 비용

考 kǎo 조사하다, 점검하다, 시험을 보다				
	140 ☐	考核	kǎohé	동 심사하다
	141 ☐	考验	kǎoyàn	동 시험하다, 검증하다

可 kě 알맞다, 동의하다				
	142 ☐	可口	kěkǒu	혱 맛있다, 입에 맞다
	143 ☐	可行	kěxíng	혱 실행 가능하다, 할 수 있다

空 kòng 비다, 틈				
	144 ☐	空白	kòngbái	몡 여백, 공백
	145 ☐	空隙	kòngxì	몡 틈, 간격

款 kuǎn 초대하다, 양식, 조항				
	146 ☐	款待	kuǎndài	동 정성껏 대접하다, 환대하다
	147 ☐	款式	kuǎnshì	몡 양식, 스타일

理 lǐ 도리, 다스리다, 정리하다				
	148 ☐	理智	lǐzhì	몡 이성과 지혜, 이지　혱 이성적이다, 이지적이다
	149 ☐	推理	tuīlǐ	동 추리하다

立 lì 서다, 세우다				
	150 ☐	立体	lìtǐ	혱 입체의, 입체감을 주는　몡 입체
	151 ☐	立足	lìzú	동 발붙이다, 근거하다

烈 liè 맹렬하다, 심하다				
	152 ☐	剧烈	jùliè	혱 극렬하다, 격렬하다
	153 ☐	猛烈	měngliè	혱 맹렬하다, 세차다

灵 líng 정신, 재빠르다, 영리하다				
	154 ☐	灵感	línggǎn	몡 영감
	155 ☐	灵魂	línghún	몡 영혼
	156 ☐	灵敏	língmǐn	혱 민감하다, 반응이 빠르다

美 měi 아름답다, 좋다				
	157 ☐	美观	měiguān	혱 (형식·구성 등이) 보기 좋다, 예쁘다
	158 ☐	美妙	měimiào	혱 아름답다, 훌륭하다
	159 ☐	审美	shěnměi	동 (사물·예술품의) 아름다움을 감상하다

迷 mí 빠지다, 매혹되다	160 ☐ 迷惑	míhuò	혱 어리둥절하다, 정신을 차리지 못하다 통 현혹시키다
	161 ☐ 迷人	mírén	혱 매력적이다, 사람을 홀리다
密 mì 빽빽하다, 촘촘하다	162 ☐ 密度	mìdù	명 밀도
	163 ☐ 密封	mìfēng	통 밀봉하다, 밀폐하다
敏 mǐn 신속하다, 재빠르다	164 ☐ 敏捷	mǐnjié	혱 (생각·동작 등이) 민첩하다, 빠르다
	165 ☐ 敏锐	mǐnruì	혱 (감각이) 날카롭다, 빠르다
命 mìng 주다, 생명, 명령	166 ☐ 命名	mìngmíng	통 명명하다, 이름 짓다
	167 ☐ 拼命	pīnmìng	통 기를 쓰다, 목숨을 내던지다 뷔 필사적으로, 적극적으로
	168 ☐ 使命	shǐmìng	명 사명, 중대한 책임
偏 piān 치우치다, 쏠리다	169 ☐ 偏见	piānjiàn	명 편견
	170 ☐ 偏僻	piānpì	혱 외지다, 구석지다
平 píng 평평하다, 평탄하다	171 ☐ 平面	píngmiàn	명 평면
	172 ☐ 平坦	píngtǎn	혱 (도로·지대 등이) 평탄하다
	173 ☐ 平原	píngyuán	명 평원
屏 píng 병풍, 가려서 막다	174 ☐ 屏幕	píngmù	명 화면, 스크린
	175 ☐ 屏障	píngzhàng	명 장벽, 보호벽
启 qǐ 일깨우다, 시작하다	176 ☐ 启蒙	qǐméng	통 기초 지식을 전수하다, 계몽하다
	177 ☐ 启示	qǐshì	통 시사하다, 계시하다 명 시사점, 계시
起 qǐ 시작하다, 올라가다	178 ☐ 起初	qǐchū	명 처음, 최초
	179 ☐ 起码	qǐmǎ	혱 최소한의, 최저한도의
气 qì 기세, 냄새, 기체	180 ☐ 气势	qìshì	명 (사람·사물의) 기세, 형세
	181 ☐ 气味	qìwèi	명 냄새
	182 ☐ 气象	qìxiàng	명 기상
	183 ☐ 气质	qìzhì	명 기질, 성격
	184 ☐ 口气	kǒuqì	명 말투, 어조
	185 ☐ 氧气	yǎngqì	명 산소
强 qiáng / qiǎng 강하다, 굳세다 / 억지로 하다	186 ☐ 强制	qiángzhì	통 (정치력·경제력 등으로) 강제하다, 강요하다
	187 ☐ 顽强	wánqiáng	혱 강인하다, 완강하다
	188 ☐ 强迫	qiǎngpò	통 강요하다, 강제로 시키다
清 qīng 맑다, 깨끗하다, 분명하다	189 ☐ 清澈	qīngchè	혱 맑고 투명하다
	190 ☐ 清洁	qīngjié	혱 청결하다, 깨끗하다
	191 ☐ 清理	qīnglǐ	통 깨끗이 정리하다
	192 ☐ 清晰	qīngxī	혱 뚜렷하다, 분명하다

☑ 잘 외워지지 않는 표현은 박스에 체크하며 복습하세요. 🎧 필수 어휘_4_qing-xiang

情 qíng 상황, 감정, 애정					
	193 ☐	情节	qíngjié	몡	줄거리, (일의) 경과
	194 ☐	激情	jīqíng	몡	격정, 열정적인 감정

人 rén 사람, 인간					
	195 ☐	人格	réngé	몡	인격
	196 ☐	人工	réngōng	혱 인공의, 위적인 몡 수동, 인공
	197 ☐	人家	rénjia	때	남, 사람들
	198 ☐	人士	rénshì	몡	인사[사회적으로 영향력이 있는 인물]
	199 ☐	人为	rénwéi	통 사람이 하다 혱 인위적인
	200 ☐	人性	rénxìng	몡	인간의 본성, 인성

认 rèn 인정하다, 승인하다, 식별하다					
	201 ☐	认定	rèndìng	통	확정하다, 인정하다
	202 ☐	认可	rènkě	통	승인하다, 인정하다

设 shè 차리다, 설치하다					
	203 ☐	设立	shèlì	통	(기구·조직 등을) 설립하다, 건립하다
	204 ☐	设置	shèzhì	통	설치하다

神 shén 신경, 신, 정신					
	205 ☐	神经	shénjīng	몡	신경
	206 ☐	神圣	shénshèng	혱	신성하다, 성스럽다
	207 ☐	眼神	yǎnshén	몡	눈빛

生 shēng 살아있는, 낳다, 자라다					
	208 ☐	生机	shēngjī	몡	생기, 활력
	209 ☐	生理	shēnglǐ	몡	생리, 생리학
	210 ☐	生态	shēngtài	몡	생태
	211 ☐	生物	shēngwù	몡	생물, 생물학

时 shí 때, 시기, 시간					
	212 ☐	时常	shícháng	뷔	늘, 자주
	213 ☐	时机	shíjī	몡	시기, 기회

实 shí 실제, 진실하다, 성실하다					
	214 ☐	实惠	shíhuì	몡 실리, 실제의 이익 혱 실속 있다, 실용적이다
	215 ☐	实力	shílì	몡	(정치·경제적인) 실력, 힘
	216 ☐	实施	shíshī	통	실시하다, 실행하다
	217 ☐	实行	shíxíng	통	실행하다
	218 ☐	切实	qièshí	혱	확실하다, 적절하다
	219 ☐	忠实	zhōngshí	혱	충실하다, 참되다

事 shì 사고, 일, 업무					
	220 ☐	事故	shìgù	몡	사고
	221 ☐	事迹	shìjì	몡	사적[일의 실적이나 공적]
	222 ☐	事件	shìjiàn	몡	사건
	223 ☐	事项	shìxiàng	몡	사항
	224 ☐	事业	shìyè	몡	사업

收 shōu 간직하다, 얻다, 수확하다	225 ☐	收藏	shōucáng	통 소장하다, 보관하다
	226 ☐	收益	shōuyì	명 수익, 이득
	227 ☐	丰收	fēngshōu	통 풍작을 이루다, 풍년이 들다
手 shǒu 기술, 기능, 능숙한 사람, 손	228 ☐	手法	shǒufǎ	명 (예술 작품의) 기법, 수단
	229 ☐	手艺	shǒuyì	명 수공 기술, 솜씨
	230 ☐	选手	xuǎnshǒu	명 선수
随 suí 따르다, 맡기다	231 ☐	随即	suíjí	부 즉각, 바로
	232 ☐	随意	suíyì	형 마음대로, 생각대로
探 tàn 정탐하다, 알아보다, 찾다	233 ☐	探测	tàncè	통 (기구로) 관측하다, 탐측하다
	234 ☐	探索	tànsuǒ	통 탐색하다, 찾다
体 tǐ 물체, 신체, 알아주다	235 ☐	体积	tǐjī	명 체적, 부피
	236 ☐	体谅	tǐliàng	통 (남의 입장에서) 이해하다, 양해하다
天 tiān 천연의, 하늘, 하루	237 ☐	天然气	tiānránqì	명 천연가스
	238 ☐	天生	tiānshēng	형 타고난, 선천적인
	239 ☐	天堂	tiāntáng	명 천국, 천당
通 tōng 통하다, 순조롭다	240 ☐	通俗	tōngsú	형 통속적이다
	241 ☐	通用	tōngyòng	통 (일정 범위 안에서) 통용되다, 보편적으로 사용하다
	242 ☐	流通	liútōng	통 유통하다, 막힘없이 잘 통하다
外 wài 겉, 외, 밖	243 ☐	外表	wàibiǎo	통 겉모습, 외모
	244 ☐	外界	wàijiè	명 외부, 바깥 세계
	245 ☐	额外	éwài	형 그 밖의, 추가의
维 wéi 유지하다, 보존하다	246 ☐	维持	wéichí	통 유지하다, 지지하다
	247 ☐	维护	wéihù	통 유지하고 보호하다, 지키다
细 xì 미세하다, 섬세하다, 가늘다	248 ☐	细胞	xìbāo	명 세포
	249 ☐	细菌	xìjūn	명 세균
	250 ☐	细致	xìzhì	형 세밀하다, 정교하다
陷 xiàn 빠지다, 움푹 들어가다	251 ☐	陷入	xiànrù	통 (불리한 지경에) 빠지다, 몰입하다
	252 ☐	缺陷	quēxiàn	명 결함, 결점
相 xiāng / xiàng 서로, 함께 / 용모, 생김새	253 ☐	相应	xiāngyìng	통 상응하다, 서로 맞다
	254 ☐	相声	xiàngsheng	명 만담, 재담[설창 문예의 일종]
	255 ☐	真相	zhēnxiàng	명 진상, 실상
向 xiàng 향하다, 방향	256 ☐	向往	xiàngwǎng	통 열망하다, 갈망하다
	257 ☐	倾向	qīngxiàng	통 (한쪽으로) 기울다, 쏠리다 명 경향, 추세

☑ 잘 외워지지 않는 표현은 박스에 체크하며 복습하세요. 🎧 필수 어휘_5_xiao-zuo

| 消 xiāo
제거하다, 사라지다 | 258 ☐ | 消毒 | xiāodú | 图 소독하다 |
| | 259 ☐ | 消灭 | xiāomiè | 图 멸망시키다, 소멸하다 |

| 性 xìng
성질, 효력, 본성 | 260 ☐ | 性能 | xìngnéng | 图 성능 |
| | 261 ☐ | 弹性 | tánxìng | 图 탄력성, 유연성 |

修 xiū 수리하다, 건설하다, 다듬다	262 ☐	修复	xiūfù	图 수리해 복원하다
	263 ☐	修建	xiūjiàn	图 건설하다, 건축하다
	264 ☐	修养	xiūyǎng	图 수양, 교양

延 yán 늘이다, 연장하다	265 ☐	延伸	yánshēn	图 뻗다, 늘이다
	266 ☐	延续	yánxù	图 계속하다, 지속하다
	267 ☐	蔓延	mànyán	图 만연하다, 널리 번지다

| 严 yán
심하다, 엄하다 | 268 ☐ | 严寒 | yánhán | 图 추위가 심하다, 몹시 춥다 |
| | 269 ☐ | 严厉 | yánlì | 图 엄하다, 호되다 |

演 yǎn 발전하다, 서술하다, 공연하다	270 ☐	演变	yǎnbiàn	图 (시간이 비교적 오래 걸려) 변화 발전하다, 변천하다
	271 ☐	演绎	yǎnyì	图 (뜻·감정·느낌 등을) 드러내다, 상세하게 서술하다
	272 ☐	演奏	yǎnzòu	图 연주하다

依 yī 의존하다, 기대다	273 ☐	依旧	yījiù	图 여전하다 图 여전히
	274 ☐	依靠	yīkào	图 의지하다, 의존하다 图 의지가 되는 사람이나 물건
	275 ☐	依赖	yīlài	图 의지하다, 기대다
	276 ☐	依托	yītuō	图 의탁하다, 기대다

| 一 yī
동일하다, 하나, 첫째 | 277 ☐ | 一贯 | yíguàn | 图 한결같다, 일관되다 |
| | 278 ☐ | 一向 | yíxiàng | 图 최근, 근래 图 줄곧, 내내 |

| 遗 yí
남기다, 분실하다 | 279 ☐ | 遗产 | yíchǎn | 图 유산 |
| | 280 ☐ | 遗传 | yíchuán | 图 유전하다 |

以 yǐ ~로써, ~에 따라	281 ☐	以便	yǐbiàn	图 ~하기 위해, ~하기 쉽게
	282 ☐	以免	yǐmiǎn	图 ~하지 않도록, ~않기 위해서
	283 ☐	以至	yǐzhì	图 ~까지, ~에 이르기까지
	284 ☐	以致	yǐzhì	图 ~이 되다, ~을 초래하다
	285 ☐	足以	zúyǐ	图 충분히 ~할 수 있다, ~하기에 족하다

意 yì 의미, 마음, 예상하다	286 ☐	意识	yìshí	图 깨닫다, 의식하다 图 의식
	287 ☐	意味着	yìwèizhe	图 의미하다, 뜻하다
	288 ☐	任意	rènyì	图 마음대로, 제멋대로 图 임의의, 조건 없는
	289 ☐	在意	zàiyì	图 마음에 두다, 개의하다

用 yòng 쓰다, 고용하다	290 ☐ 用户	yònghù	명 사용자, 아이디
	291 ☐ 耐用	nàiyòng	형 오래 쓸 수 있다, 질기다
	292 ☐ 引用	yǐnyòng	동 인용하다
优 yōu 우대하다, 우수하다, 좋다	293 ☐ 优先	yōuxiān	동 우선하다
	294 ☐ 优异	yōuyì	형 (성적·활동 등이) 특출나다, 우수하다
	295 ☐ 优越	yōuyuè	형 우월하다, 우수하다
预 yù 미리, 사전에	296 ☐ 预期	yùqī	동 미리 기대하다, 예기하다
	297 ☐ 预算	yùsuàn	명 예산 동 예산하다
原 yuán 본래의, 최초의	298 ☐ 原始	yuánshǐ	형 원시의, 최초의
	299 ☐ 原先	yuánxiān	명 최초, 본래
运 yùn 운용하다, 이동하다	300 ☐ 运算	yùnsuàn	동 연산하다
	301 ☐ 运行	yùnxíng	동 (차·열차·배 등이) 운행하다
指 zhǐ 가리키다, 지적하다, 손가락	302 ☐ 指标	zhǐbiāo	명 지표, 수치
	303 ☐ 指定	zhǐdìng	동 (사전에 사람·시간·장소 등을) 지정하다, 확정하다
	304 ☐ 指责	zhǐzé	동 지적하다, 질책하다
制 zhì 제지하다, 제조하다	305 ☐ 制止	zhìzhǐ	동 제지하다, 저지하다
	306 ☐ 遏制	èzhì	동 억제하다, 저지하다
终 zhōng 끝, 결말	307 ☐ 终点	zhōngdiǎn	명 종착점, 결승점
	308 ☐ 终究	zhōngjiū	부 결국, 어쨌든
	309 ☐ 终身	zhōngshēn	명 평생, 일생
主 zhǔ 주관하다, 주장하다, 주요한	310 ☐ 主导	zhǔdǎo	동 주도하다 명 주도
	311 ☐ 主管	zhǔguǎn	동 주관하다 명 팀장, 주관자
	312 ☐ 主流	zhǔliú	명 주류, 주된 추세
	313 ☐ 主义	zhǔyì	명 주의
	314 ☐ 自主	zìzhǔ	동 자주적으로 하다, 스스로 처리하다
助 zhù 돕다, 협조하다	315 ☐ 助理	zhùlǐ	형 (주요 책임자를) 보조하는, 돕는 명 보좌관, 보조
	316 ☐ 借助	jièzhù	동 (다른 사람·사물의) 힘을 빌리다, 도움을 받다
	317 ☐ 协助	xiézhù	동 협조하다
转 zhuǎn 돌다, 회전하다	318 ☐ 转让	zhuǎnràng	동 (재물·권리 등을) 양도하다, 넘겨주다
	319 ☐ 转移	zhuǎnyí	동 돌리다, 옮기다
作 zuò 창작하다, 일하다, 만들다	320 ☐ 作风	zuòfēng	명 (문장·예술 작품의) 풍격, (사람의) 태도
	321 ☐ 作息	zuòxī	동 일하고 휴식하다
	322 ☐ 操作	cāozuò	동 조작하다, 다루다

QUIZ

■ 각 필수 어휘에 맞는 의미를 찾아 연결하세요.

01 保养 • · ⓐ 보관하다, 보관인

02 保管 • · ⓑ 손질하다, 보양하다

03 创业 • · ⓐ 창업하다

04 创立 • · ⓑ 창립하다, 창설하다

05 举动 • · ⓐ 행동, 동작

06 动机 • · ⓑ 동기

07 成本 • · ⓐ 효과, 효능

08 成效 • · ⓑ 원가, 자본금

09 繁华 • · ⓐ 번식하다

10 繁殖 • · ⓑ (도시·거리가) 번화하다

11 解放 • · ⓐ 해명하다, 변명하다

12 辩解 • · ⓑ 해방하다, 속박에서 벗어나다

13 回避 • · ⓐ 회피하다, 피하다

14 回报 • · ⓑ 보답하다, 보복하다

15 精华 • · ⓐ 정수, 정화

16 精通 • · ⓑ 통달하다, 정통하다

17 干旱 • · ⓐ 방해하다, 지장을 주다

18 干扰 • · ⓑ 메마르다, 가물다

19 灵魂 • · ⓐ 영감

20 灵感 • · ⓑ 영혼

정답	01 ⓑ	02 ⓐ	03 ⓐ	04 ⓑ	05 ⓐ	06 ⓑ	07 ⓑ	08 ⓐ	09 ⓑ	10 ⓐ
	11 ⓑ	12 ⓐ	13 ⓐ	14 ⓑ	15 ⓐ	16 ⓑ	17 ⓑ	18 ⓐ	19 ⓑ	20 ⓐ

21 偏僻 • | • ⓐ 외지다, 구석지다

31 消毒 • | • ⓐ 멸망시키다, 소멸하다

22 偏见 • | • ⓑ 편견

32 消灭 • | • ⓑ 소독하다

23 生态 • | • ⓐ 생기, 활력

33 天生 • | • ⓐ 천국, 천당

24 生机 • | • ⓑ 생태

34 天堂 • | • ⓑ 타고난, 선천적인

25 气味 • | • ⓐ 말투, 어조

35 主流 • | • ⓐ 주도하다, 주도

26 口气 • | • ⓑ 냄새

36 主导 • | • ⓑ 주류, 주된 추세

27 清理 • | • ⓐ 뚜렷하다, 분명하다

37 指责 • | • ⓐ 지적하다, 질책하다

28 清晰 • | • ⓑ 깨끗이 정리하다

38 指标 • | • ⓑ 지표, 수치

29 收益 • | • ⓐ 수익, 이득

39 修养 • | • ⓐ 수양, 교양

30 收藏 • | • ⓑ 소장하다, 보관하다

40 修复 • | • ⓑ 수리해 복원하다

| 정답 | 21 ⓐ | 22 ⓑ | 23 ⓑ | 24 ⓐ | 25 ⓑ | 26 ⓐ | 27 ⓑ | 28 ⓐ | 29 ⓐ | 30 ⓑ |
| | 31 ⓑ | 32 ⓐ | 33 ⓑ | 34 ⓐ | 35 ⓑ | 36 ⓐ | 37 ⓐ | 38 ⓑ | 39 ⓐ | 40 ⓑ |

mp3 바로듣기

독해 제1, 2부분에 특히 도움이 되는 유의어를 예문을 통해 반드시 암기한다.

✳ 동사 🎧 유의어_1_동사

---

001 包裹 : 包括

包裹 bāoguǒ (동) 포장하다, 싸매다

包裹易碎物品时要格外小心。
깨지기 쉬운 물건을 포장할 때는 특별히 조심해야 한다.

(암기포인트) 1. 包: 싸다 + 裹: 포장하다
2. 包裹는 물건을 싸거나 벌어진 부위를 동여맨다는 의미이다.
包裹伤口: 상처를 싸매다

包括 bāokuò (동) 포함하다, 포괄하다

汉语水平考试包括听力、阅读、写作三个部分。
중국어능력시험은 듣기, 독해, 쓰기 세 부분을 포함한다.

(암기포인트) 1. 包: 싸다 + 括: 묶다
2. 包括는 내부에 포함하거나 존재한다는 의미로, 사람 또는 사물과 호응한다.
包括两个方面: 두 가지 측면을 포괄하다

---

002 避免 : 逃避

避免 bìmiǎn (동) 모면하다, 방지하다

有关部门提醒广大群众避免上当受骗。
관련 부서는 많은 대중이 사기당하는 것을 모면하도록 주의를 줬다.

(암기포인트) 1. 避: 피하다 + 免: 면하다
2. 避免은 어떤 일이나 현상이 일어나지 못하게 막는다는 의미로, 주로 좋지 않은 상황과 호응한다.
避免冲突: 충돌을 방지하다

逃避 táobì (동) 도피하다, 회피하다

有些年轻人为了逃避就业难的现实而选择出国留学。
일부 젊은이들은 취업이 어려운 현실에서 도피하기 위해 외국에 가서 유학하기를 선택한다.

(암기포인트) 1. 逃: 달아나다 + 避: 피하다
2. 逃避는 어떤 일이나 상황에 대해 부딪치기를 꺼리고 벗어나려 한다는 의미로, 부정적인 의미를 내포한다.
逃避责任: 책임을 회피하다

---

003 变化 : 变迁

变化 biànhuà (동) 바뀌다, 변화하다

他总是感叹现在的形势变化得太快。
그는 늘 현재의 정세가 너무 빠르게 바뀐다고 감탄한다.

(암기포인트) 1. 变: 변화하다 + 化: 바뀌다
2. 变化는 사물의 성질, 모양, 상태 등이 바뀌어 달라진다는 의미로, 뒤에 목적어가 올 수 없다.
逐渐变化: 점차 변화하다

变迁 biànqiān (동) 변천하다

随着岁月的变迁，原来的陆地早已变成了海洋。
세월의 변천에 따라, 원래의 육지는 이미 바다가 됐다.

(암기포인트) 1. 变: 변화하다 + 迁: 옮기다
2. 变迁은 세월의 흐름에 따라 바뀌고 변화한다는 의미로, 오랜 시간에 걸친 비교적 큰 변화를 가리킨다.
时代变迁: 시대가 변천하다

---

004 产生 : 生产

产生 chǎnshēng (동) 나타나다, 생기다

长期不运动会产生肌肉萎缩的现象。
장기간 운동을 하지 않으면 근육이 수축하는 현상이 나타난다.

(암기포인트) 1. 产: 생산하다 + 生: 생겨나다, 자라나다
2. 产生은 새로운 것이 생겨났다는 의미로, 추상명사를 목적어로 가진다.
产生矛盾: 갈등이 생기다

生产 shēngchǎn (동) 생산하다

这家工厂从下个月起正式生产口罩。
이 공장은 다음 달부터 마스크를 정식으로 생산한다.

(암기포인트) 1. 生: 생겨나다, 자라나다 + 产: 생산하다
2. 生产은 필요한 각종 물품 등을 만들어낸다는 의미로, 구체적인 사물을 목적어로 가진다.
生产产品: 제품을 생산하다

---

005 陈列 : 陈述

陈列 chénliè (동) 전시하다, 진열하다

美术馆陈列出了许多精美的画作。
미술관은 정밀하고 아름다운 많은 회화 작품을 전시해냈다.

(암기포인트) 1. 陈: 늘어놓다 + 列: 벌이다
2. 陈列는 다른 사람에게 보여주기 위해 물건을 질서 있게 놓는다는 의미이다.
陈列展品: 전시품을 진열하다

陈述 chénshù (동) 진술하다

律师陈述完后，法官宣布了判决结果。
변호사가 진술하고 난 후, 법관은 판결 결과를 발표했다.

(암기포인트) 1. 陈: 늘어놓다 + 述: 서술하다
2. 陈述는 일이나 상황에 대해 자세하고 조리 있게 말한다는 의미이다.
陈述意见: 의견을 진술하다

---

006 称呼 : 称赞

称呼 chēnghu (동) 부르다

他不知道该怎么称呼眼前的这位陌生人。
그는 눈앞의 이 낯선 이를 어떻게 불러야 할지 몰랐다.

(암기포인트) 1. 称: 일컫다 + 呼: 부르다
2. 称呼는 특정 대상을 가리켜 부른다는 의미로, 명사로 쓰일 경우 관계 또는 신분을 나타내는 호칭을 가리킨다.
称呼全名: 성명을 부르다

称赞 chēngzàn (동) 칭찬하다

大家一致称赞他在这次演讲中的表现。
모두가 함께 그의 이번 연설에서의 활약을 칭찬했다.

(암기포인트) 1. 称: 일컫다 + 赞: 칭찬하다
2. 称赞은 좋은 점이나 훌륭한 일을 말로써 높이 평가한다는 의미이다.
称赞对方: 상대방을 칭찬하다

---

007 出生 : 出现

出生 chūshēng
图 태어나다, 출생하다

他出生在一个贫穷的农村家庭。
그는 가난한 농촌 가정에서 태어났다.

(암기포인트) 1. 出: 나타나다 + 生: 생겨나다, 자라나다
2. 出生은 사람이 세상에 나온다는 의미로, 뒤에 목적어가
올 수 없다.
孩子出生: 아이가 출생하다

出现 chūxiàn
图 발생하다, 생기다

近年来出现了多次气候异常现象。
최근 몇 년간 여러 차례 기후 이상 현상이 발생했다.

(암기포인트) 1. 出: 나타나다 + 现: 드러내다
2. 出现은 없거나 숨겨져 있다가 드러난다는 의미로, 뒤에
목적어가 올 수 있다.
出现危机: 위기가 생기다

009 储藏 : 储蓄

储藏 chǔcáng
图 저장하다

冰箱可以长时间储藏食物。
냉장고는 장시간 식품을 저장할 수 있다.

(암기포인트) 1. 储: 저장하다 + 藏: 간직하다
2. 储藏은 물건을 어떤 공간에 간직한다는 의미이다.
储藏粮食: 식량을 저장하다

储蓄 chǔxù
图 저축하다

她从小养成了储蓄的好习惯。
그녀는 어릴 때부터 저축하는 좋은 습관을 길렀다.

(암기포인트) 1. 储: 저장하다 + 蓄: 모아 두다
2. 储蓄는 돈이나 값나가는 물건을 아껴 모아 둔다는 의
미이다.
储蓄的目的: 저축하는 목적

011 达到 : 到达

达到 dádào
图 이르다, 도달하다

这批产品的质量达到了令人满意的程度。
이 제품들의 품질은 만족할 만한 수준에 이르렀다.

(암기포인트) 1. 达: 도달하다 + 到: 도착하다
2. 达到는 어떤 표준, 목적, 요구 등이 일정 수준에 도달한다
는 의미로, 추상명사를 목적어로 가진다.
达到标准: 기준에 도달하다

到达 dàodá
图 도착하다, 도달하다

飞机预计在两小时后到达北京机场。
비행기는 두 시간 후에 베이징 공항에 도착할 것으로 예상된다.

(암기포인트) 1. 到: 도착하다 + 达: 도달하다
2. 到达는 어떤 장소, 지점에 도달한다는 의미로, 장소명사
를 목적어로 가진다.
到达终点: 종점에 도달하다

008 删除 : 消除

删除 shānchú
图 삭제하다, 지우다

他果断地删除了文章里多余的部分。
그는 과감하게 글에서 불필요한 부분을 삭제했다.

(암기포인트) 1. 删: 삭제하다 + 除: 없애다
2. 删除는 사람이 어떤 문구나 내용을 지우거나 없앤다는
의미이다.
删除短信: 문자를 지우다

消除 xiāochú
图 없애다

通过这次谈话，我们消除了彼此间的误会。
이번 대화를 통해, 우리는 상호 간의 오해를 없앴다.

(암기포인트) 1. 消: 사라지다 + 除: 없애다
2. 消除는 걱정이나 이롭지 못한 것을 제거한다는 의미로,
주로 추상적인 대상과 호응한다.
消除压力: 스트레스를 없애다

010 保存 : 积存

保存 bǎocún
图 보존하다

陕西历史博物馆保存着大量的古代文物。
산시역사박물관에 대량의 고대 문화재가 보존돼 있다.

(암기포인트) 1. 保: 보호하다 + 存: 보존하다, 모으다
2. 保存은 현재 가진 사물 또는 능력을 보호한다는 의미
이다.
保存实力: 실력을 보존하다

积存 jīcún
图 쌓다, 모으다

那家工厂里积存了很多尚未出售的产品。
그 공장에는 아직 팔지 않은 많은 제품이 쌓여있다.

(암기포인트) 1. 积: 쌓다 + 存: 모으다, 보존하다
2. 积存은 물건 또는 재료를 모아 쌓아둔다는 의미이다.
积存物资: 물자를 모으다

012 防守 : 防御

防守 fángshǒu
图 수비하다

无论对方防守得多严密，他都能找到突破口。
상대방이 얼마나 빈틈없이 수비하든 간에, 그는 돌파구를 찾아낼 수 있다.

(암기포인트) 1. 防: 막다 + 守: 수비하다
2. 防守는 외부의 침략이나 공격에 대해 수비한다는 의미
로, 주로 진지, 도시, 대문 등과 호응한다.
防守阵地: 진지를 수비하다

防御 fángyù
图 방어하다

面对威胁，他们决定共同防御。
위협을 직면하고, 그들은 함께 방어하기로 결정했다.

(암기포인트) 1. 防: 막다 + 御: 저지하다
2. 防御는 싸움이나 위협적인 공격에 맞서서 막아낸다는
의미이다.
消极防御: 소극적으로 방어하다

013 飞奔 : 飞跃

飞奔 fēibēn
图 쏜살같이 달리다

他一路飞奔，总算赶上了火车。
그는 계속 쏜살같이 달려, 마침내 기차를 탔다.

암기포인트 1. 飞: 날다 + 奔: 질주하다
2. 飞奔은 나는 듯이 급히 달린다는 의미이다.
向前飞奔: 앞으로 쏜살같이 달리다

飞跃 fēiyuè
图 비약하다

新能源汽车的销售实现了飞跃式的增长。
대체 에너지 자동차의 판매는 비약적인 증가를 이뤘다.

암기포인트 1. 飞: 날다 + 跃: 뛰어오르다
2. 飞跃는 수준, 지위, 형세 등이 갑자기 향상된다는 의미이다.
向上飞跃: 위로 비약하다

015 衡量 : 平衡

衡量 héngliáng
图 비교하다

在衡量利弊之后，他决定离开公司。
좋은 점과 나쁜 점을 비교한 후, 그는 회사를 떠나기로 결정했다.

암기포인트 1. 衡: 저울질하다 + 量: 재다
2. 衡量은 두 개의 대상을 비교하고 평가한다는 의미이다.
衡量得失: 득실을 비교하다

平衡 pínghéng
图 균형 있게 하다

他认为应该平衡企业和员工的利益。
그는 마땅히 기업과 직원의 이익을 균형 있게 해야 한다고 생각한다.

암기포인트 1. 平: 평평하게 만들다 + 衡: 저울질하다
2. 平衡은 두 개의 대상이 평형을 이루게 한다는 의미이다.
平衡收支: 수입과 지출을 균형 있게 하다

017 感激 : 激励

感激 gǎnjī
图 감격하다

他十分感激父母为他所做的一切。
그는 부모님께서 자신을 위해 한 모든 것에 매우 감격했다.

암기포인트 1. 感: 감사하게 생각하다 + 激: 감정이 고조·자극되다
2. 感激는 다른 사람의 호의나 도움으로 인해 호감이 생긴다는 의미로, 심리적으로 감사하는 마음을 나타낸다.
万分感激: 대단히 감격하다

激励 jīlì
图 격려하다, 북돋워주다

为了激励员工，公司发放了年终奖金。
직원을 격려하기 위해, 회사는 연말 상여금을 지급했다.

암기포인트 1. 激: 감정이 자극·고조되다 + 励: 북돋우다
2. 激励는 용기나 의욕이 솟아나도록 북돋는다는 의미이다.
激励士气: 사기를 북돋워주다

014 固定 : 稳固

固定 gùdìng
图 고정하다

为了作画，他把画布固定在木板上了。
그림을 그리기 위해, 그는 캔버스를 나무판에 고정했다.

암기포인트 1. 固: 견고하다 + 定: 고정하다
2. 固定은 움직임 또는 변동이 없다는 의미이다.
固定下来: 고정시키다

稳固 wěngù
图 안정시키다, 공고히 하다

为了稳固外交关系，两国作出了共同的努力。
외교 관계를 안정시키기 위해, 양국이 공동의 노력을 기울였다.

암기포인트 1. 稳: 든든하다 + 固: 견고하다
2. 稳固는 관계, 지위, 정권 등을 안정시키고 견고하게 한다는 의미이다.
稳固政权: 정권을 공고히 하다

016 忽视 : 疏忽

忽视 hūshì
图 소홀히 하다, 경시하다

有些家长忽视了孩子的心理健康。
어떤 학부모들은 아이의 심리 건강을 소홀히 했다.

암기포인트 1. 忽: 소홀히 하다 + 视: 보다
2. 忽视는 대수롭지 않게 생각해서 중시하지 않는다는 어조가 강하다.
忽视安全问题: 안전 문제를 경시하다

疏忽 shūhu
图 소홀히 하다, 대수롭지 않게 여기다

关于财务的任何问题都不容疏忽。
재무와 관련된 어떤 문제도 소홀히 해서는 안 된다.

암기포인트 1. 疏: 소홀하다 + 忽: 소홀히 하다
2. 疏忽는 부주의해서 중시하지 않는다는 어조가 강하다.
疏忽职守: 직무를 대수롭지 않게 여기다

018 结合 : 结算

结合 jiéhé
图 결부하다, 결합하다

李校长提倡理论与实际结合的教育理念。
이 총장은 이론과 실제를 결부한 교육이념을 장려한다.

암기포인트 1. 结: 결합하다 + 合: 합치다
2. 结合는 둘 이상의 사물이나 사람이 관계를 맺어 하나가 되게 한다는 의미이다.
相结合: 서로 결합하다

结算 jiésuàn
图 결산하다

结算时，双方因数据不一致而发生了冲突。
결산할 때, 양측은 데이터가 일치하지 않아서 충돌이 발생했다.

암기포인트 1. 结: 결합하다 + 算: 계산하다
2. 结算은 일정한 기간에 발생한 비용이나 활동을 모아 정리한다는 의미이다.
按时结算: 제시간에 결산하다

019 改进 : 进步

改进 gǎijìn
图 개선하다

这几年，他积极地改进了教学方法。
요 몇 년간, 그는 적극적으로 교수 방법을 개선했다.

암기포인트 1. 改: 바꾸다 + 进: 나아가다
2. 改进은 제도, 기술, 태도 등을 좋게 바꾼다는 의미이다.
改进技术: 기술을 개선하다

进步 jìnbù
图 진보하다

他们互相取长补短，共同进步。
그들은 서로 장점을 취하고 단점을 보완하며, 함께 진보한다.

암기포인트 1. 进: 나아가다 + 步: 걸음
2. 进步는 사람이나 사물의 정도 또는 수준이 나아지거나 높아지게 한다는 의미이다.
不断进步: 끊임없이 진보하다

021 对抗 : 反抗

对抗 duìkàng
图 대치하다, 대항하다

敌人对抗没多久就投降了。
적은 대치한 지 얼마 되지 않아 바로 항복했다.

암기포인트 1. 对: 상대하다 + 抗: 싸우다
2. 对抗은 다른 대상에 맞서서 버틴다는 어조가 강하다.
对抗病毒: 바이러스에 대항하다

反抗 fǎnkàng
图 반항하다

全体村民一起反抗，引起了上级领导的注意。
전체 마을 사람들이 함께 반항해, 상급 지도자의 주의를 이끌었다.

암기포인트 1. 反: 반대하다 + 抗: 싸우다
2. 反抗은 다른 대상에 맞서서 대들거나 반대한다는 어조가 강하다.
奋起反抗: 힘차게 반항하다

023 凝固 : 凝聚

凝固 nínggù
图 응고하다, 굳어지다

蚊子在叮咬时会分泌阻止血液凝固的物质。
모기는 물 때 혈액이 응고되는 것을 막는 물질을 분비한다.

암기포인트 1. 凝: 응결되다 + 固: 굳다
2. 凝固는 액체 따위가 엉겨서 뭉쳐 딱딱하게 굳는다는 의미이다.
水泥凝固: 시멘트가 굳어지다

凝聚 níngjù
图 응집하다

南京长江大桥凝聚着工程师们的心血与智慧。
난징창장대교에는 기술자들의 심혈과 지혜가 응집돼 있다.

암기포인트 1. 凝: 응결되다 + 聚: 모으다
2. 凝聚는 어떤 사업에 에너지나 심혈 등이 응집된다는 의미이다.
凝聚力量: 힘을 응집하다

020 崇敬 : 尊敬

崇敬 chóngjìng
图 존경하고 숭배하다

我由衷地崇敬那些为国捐躯的烈士们。
나는 나라를 위해 목숨을 바친 그 열사들을 진심으로 존경하고 숭배한다.

암기포인트 1. 崇: 숭배하다 + 敬: 존경하다
2. 崇敬은 대상을 훌륭히 여겨 추앙한다는 의미이다.
崇敬英雄: 영웅을 존경하고 숭배하다

尊敬 zūnjìng
图 존경하다

父母一直教导我们要尊敬老师。
부모님께서는 늘 우리에게 선생님을 존경해야 한다고 가르치셨다.

암기포인트 1. 尊: 존중하다 + 敬: 존경하다
2. 尊敬은 대상을 우러러본다는 의미이다.
尊敬长者: 어른을 존경하다

022 分裂 : 破裂

分裂 fēnliè
图 분열하다

革命爆发后，这个国家被分裂成两个独立的国家。
혁명이 발발한 후, 이 나라는 두 개의 독립된 국가로 분열됐다.

암기포인트 1. 分: 나누다 + 裂: 갈라지다
2. 分裂은 어떤 대상을 갈라서 나눈다는 의미이다.
细胞分裂: 세포가 분열하다

破裂 pòliè
图 틀어지다, 갈라지다

由于感情破裂，他们结束了婚姻生活。
감정이 틀어졌기 때문에, 그들은 결혼 생활을 끝냈다.

암기포인트 1. 破: 파손되다 + 裂: 갈라지다
2. 破裂는 감정이나 관계 등이 갈라져 사이가 멀어진다는 의미이다.
关系破裂: 관계가 갈라지다

024 迁就 : 迁移

迁就 qiānjiù
图 양보하다

父母不能盲目地迁就孩子。
부모는 무작정 아이에게 양보하면 안 된다.

암기포인트 1. 迁: 옮기다 + 就: 다가가다
2. 迁就는 어떤 일에 대해 서로 내주며 협의한다는 의미이다.
相互迁就: 서로 양보하다

迁移 qiānyí
图 옮기다, 이전하다

为了迁移这棵大树，他们准备了三台机器。
이 큰 나무를 옮기기 위해, 그들은 기계 세 대를 준비했다.

암기포인트 1. 迁: 옮기다 + 移: 이동하다
2. 迁移는 어떤 대상을 한 곳에서 다른 곳으로 옮긴다는 의미이다.
迁移居民: 주민을 이전시키다

025 征求 : 追求

征求 zhēngqiú 동 구하다, 얻다

他拿不定主意，所以征求了父母的意见。
그는 생각을 확실히 정하지 못해서, 부모님의 의견을 구했다.

암기포인트
1. 征: 구하다 + 求: 얻다
2. 征求는 서면이나 구두의 형식으로 생각 또는 견해를 구한다는 의미이다.
征求民意: 민심을 얻다

追求 zhuīqiú 동 추구하다

他追求完美的工作态度得到了李部长的认可。
완벽을 추구하는 그의 업무 태도는 이 부장의 인정을 받았다.

암기포인트
1. 追: 쫓다 + 求: 얻다
2. 追求는 목적을 달성할 때까지 뒤쫓아 구한다는 의미이다.
追求理想: 이상을 추구하다

026 劝导 : 劝说

劝导 quàndǎo 동 권고하다, 권유하다

当前许多国家都劝导人们戒烟。
현재 많은 나라는 사람들이 금연하도록 권고하고 있다.

암기포인트
1. 劝: 권하다 + 导: 이끌다
2. 劝导는 나쁜 것을 고치기 위해 사람을 타일러 이끄는 의미로, 주로 긍정적인 방향으로의 지도를 가리킨다.
耐心劝导: 인내심 있게 권유하다

劝说 quànshuō 동 타이르다, 설득하다

无论母亲如何劝说，他都坚持离开家乡。
어머니께서 뭐라고 타이르든 간에, 그는 고향을 떠나겠다고 고집했다.

암기포인트
1. 劝: 권하다 + 说: 말하다
2. 劝说는 어떤 일을 하거나 동의하도록 권한다는 의미이다.
反复劝说: 반복적으로 설득하다

027 生锈 : 生育

生锈 shēngxiù 동 녹슬다

这家工厂已停产多年，许多设备都生锈了。
이 공장은 이미 생산을 여러 해 중단해, 많은 설비가 녹슬었다.

암기포인트
1. 生: 생겨나다, 자라나다 + 锈: 녹
2. 生锈는 산화 작용으로 쇠붙이의 표면이 붉거나 푸르게 변한다는 의미이다.
机器生锈: 기계가 녹슬다

生育 shēngyù 동 출산하다

张阿姨一共生育了三个孩子。
장 아주머니께서는 총 세 명의 아이를 출산했다.

암기포인트
1. 生: 생겨나다, 자라나다 + 育: 낳아 기르다
2. 生育는 아이를 낳는다는 의미이다.
生育子女: 자녀를 출산하다

028 收集 : 招收

收集 shōují 동 수집하다

警方多方收集证据，最终抓捕了嫌疑犯。
경찰이 다방면으로 증거를 수집해, 결국 용의자를 잡았다.

암기포인트
1. 收: 거두어들이다 + 集: 모으다, 모이다
2. 收集는 사람이 사물을 거두어 모은다는 의미이다.
收集资料: 자료를 수집하다

招收 zhāoshōu 동 모집하다

这所学校今年计划招收一千名学生。
이 학교는 올해 천 명의 학생을 모집하는 것을 계획한다.

암기포인트
1. 招: 모집하다 + 收: 거두어들이다
2. 招收는 시험과 같은 방식으로 학생 또는 수습생 등을 모집한다는 의미이다.
招收学员: 수강생을 모집하다

029 概述 : 描述

概述 gàishù 동 약술하다

这本书概述了工业的发展历程。
이 책은 공업의 발전 과정을 약술했다.

암기포인트
1. 概: 대략적으로 + 述: 서술하다
2. 概述는 개괄적으로 서술한다는 의미이다.
概述过程: 과정을 약술하다

描述 miáoshù 동 묘사하다

这篇文章描述了19世纪中国劳动者的生活方式。
이 글은 19세기 중국 노동자의 생활 방식을 묘사했다.

암기포인트
1. 描: 묘사하다 + 述: 서술하다
2. 描述는 어떤 대상, 사물, 현상 등을 언어로 서술하거나 그림을 그려서 표현한다는 의미이다.
描述生活场景: 생활 정경을 묘사하다

030 亏损 : 损失

亏损 kuīsǔn 동 적자가 나다

我们公司在过去三年里共亏损了一千万元。
우리 회사는 지난 삼 년간 총 천만 위안의 적자가 났다.

암기포인트
1. 亏: 손해보다 + 损: 손실을 입히다, 손해를 끼치다
2. 亏损은 지출이 수입보다 많아서 결손이 생긴다는 의미이다.
严重亏损: 심각하게 적자가 나다

损失 sǔnshī 동 잃다, 손해보다

敌人在这场战争中损失了十架飞机。
적은 이 전쟁에서 열 대의 비행기를 잃었다.

암기포인트
1. 损: 손실을 입히다, 손해를 끼치다 + 失: 잃다
2. 损失은 물질적으로나 정신적으로 해를 입는다는 의미이다.
损失财产: 재산을 손해보다

031 拜托 : 委托

拜托 bàituō　　　　　　　　동 부탁하다

父亲写信给叔叔，拜托他照顾我。
아버지께서는 삼촌에게 편지를 써서, 삼촌에게 나를 보살펴 달라고 부탁했다.

암기포인트 1. 拜: 삼가고 공경하다 + 托: 부탁하다, 맡기다
2. 拜托는 어떤 일을 해 달라고 청한다는 의미로, 상대를 공경하는 의미가 담겨있다.
拜托熟人: 지인에게 부탁하다

委托 wěituō　　　　　　　　동 위탁하다

如果本人无法到场，可委托代理人出席。
만약 본인이 현장에 갈 수 없다면, 대리인에게 출석을 위탁할 수 있다.

암기포인트 1. 委: 위임하다 + 托: 맡기다, 부탁하다
2. 委托는 남에게 사물이나 사람의 책임을 맡긴다는 의미로, 뒤에 주로 위탁하는 사람 또는 사물이 온다.
委托律师: 변호사에게 위탁하다

033 劝诱 : 诱惑

劝诱 quànyòu　　　　　　　　동 권유하다

开发商多次劝诱村民出让土地。
개발사는 여러 차례 마을 주민에게 땅을 팔라고 권유했다.

암기포인트 1. 劝: 권하다 + 诱: 유도하다, 유인하다
2. 劝诱는 어떤 일을 하도록 말로 타이르며 유도한다는 의미로, 주로 좋지 않은 방향으로의 권유를 가리킨다.
劝诱民众: 민중에게 권유하다

诱惑 yòuhuò　　　　　　　　동 유혹하다, 매료시키다

商家使用打折等手段诱惑大众进行消费。
판매자는 할인 등의 수단을 사용해 대중이 소비하기를 유혹한다.

암기포인트 1. 诱: 유인하다, 유도하다 + 惑: 미혹시키다
2. 诱惑는 사람의 마음을 사로잡아 홀리게 한다는 의미로, 긍정적인 상황과 부정적인 상황에서 모두 사용된다.
诱惑观众: 시청자를 매료시키다

035 责备 : 责怪

责备 zébèi　　　　　　　　동 꾸짖다

专家建议家长不要在他人面前责备孩子。
전문가는 학부모에게 다른 사람 앞에서 아이를 꾸짖지 말라고 제안한다.

암기포인트 1. 责: 나무라다 + 备: 삼가다
2. 责备는 잘못을 지적하며 몸가짐이나 언행을 조심하라고 하는 어조가 강하다.
责备下级: 하급자를 꾸짖다

责怪 zéguài　　　　　　　　동 책망하다

她虽然心里不高兴，但是没有责怪丈夫。
그녀는 비록 마음이 기쁘지 않았지만, 남편을 책망하지 않았다.

암기포인트 1. 责: 나무라다 + 怪: 원망하다
2. 责怪는 잘못을 한 대상을 원망한다는 어조가 강하다.
互相责怪: 서로 책망하다

032 延长 : 延迟

延长 yáncháng　　　　　　　　동 연장하다, 늘리다

会展中心决定将展览延长一天。
회의 전시 센터는 전시를 하루 연장하기로 결정했다.

암기포인트 1. 延: 연장하다 + 长: 길다
2. 延长은 거리나 시간 등을 길게 한다는 의미이다.
延长时间: 시간을 늘리다

延迟 yánchí　　　　　　　　동 연기하다

由于机械故障，飞机的起飞时间延迟了半小时。
기계 고장으로 인해, 비행기의 이륙 시간이 삼십 분 연기됐다.

암기포인트 1. 延: 연장하다 + 迟: 느리다
2. 延迟는 정해진 기한을 뒤로 물려서 늘린다는 의미이다.
延迟毕业: 졸업을 연기하다

034 赐予 : 予以

赐予 cìyǔ　　　　　　　　동 주다, 베풀어주다

矿产资源是大自然赐予人类的宝贵财富。
광산 자원은 대자연이 인류에게 주는 귀중한 자산이다.

암기포인트 1. 赐: 하사하다 + 予: 주다
2. 赐予는 윗사람이 아랫사람에게 물건 또는 혜택을 내려준다는 의미이다.
赐予恩惠: 은혜를 베풀어주다

予以 yǔyǐ　　　　　　　　동 ~을 보태다, ~을 주다

政府对青年创业者予以支持。
정부는 청년 창업자에게 지지를 보탰다.

암기포인트 1. 予: 주다 + 以: ~으로
2. 予以는 어떤 사람이 다른 사람에게 지지, 경고, 도움과 같은 추상적인 것을 건넨다는 의미이다.
予以警告: 경고를 주다

036 施展 : 展开

施展 shīzhǎn　　　　　　　　동 펼치다, 발휘하다

这个时代给了他施展抱负的机会。
이 시대는 그에게 포부를 펼칠 기회를 줬다.

암기포인트 1. 施: 실시하다 + 展: 펴다
2. 施展은 재능 또는 수완 등을 발휘한다는 의미이다.
施展才华: 재능을 발휘하다

展开 zhǎnkāi　　　　　　　　동 펼치다

大雁缓缓地展开翅膀，向远处飞去了。
기러기는 천천히 날개를 펼쳐, 먼 곳을 향해 날아갔다.

암기포인트 1. 展: 펴다 + 开: 열다
2. 展开는 접힌 물건을 펼치거나, 어떤 활동을 대규모로 전개한다는 의미이다.
展开调查: 조사를 펼치다

037 霸占 : 占有

霸占 bàzhàn
동 점령하다

殖民者曾经企图永久霸占这个国家。
식민 통치자는 한때 이 나라를 영원히 점령하려고 계획했다.

암기포인트 1. 霸: 강점하다 + 占: 차지하다
2. 霸占은 무력이나 권세로 남의 재산 등을 강제로 점령한다는 의미이다.
霸占土地: 토지를 점령하다

占有 zhànyǒu
동 차지하다, 점하다

他在古典文学领域占有一席之地。
그는 고전문학 분야에서 중요한 지위를 차지한다.

암기포인트 1. 占: 차지하다 + 有: 있다
2. 占有는 어떤 유리한 위치를 차지한다는 의미로, 범위 내에서 영향력을 행사하고 있다는 어조가 강하다.
占有优势: 우세를 점하다

039 改正 : 更正

改正 gǎizhèng
동 고치다

她接受了朋友的建议, 决定改正自己的缺点。
그녀는 친구의 제안을 받아들였고, 자신의 단점을 고치기로 결정했다.

암기포인트 1. 改: 바꾸다 + 正: 바르다
2. 改正은 잘못된 부분을 옳게 바로잡음을 나타낸다.
改正习惯: 습관을 고치다

更正 gēngzhèng
동 정정하다

在检查论文的过程中, 她更正了几个错别字。
논문 검사 과정에서, 그녀는 잘못 쓴 글자와 틀린 글자 몇 개를 정정했다.

암기포인트 1. 更: 고치다 + 正: 바르다
2. 更正은 연설의 내용 또는 언어 문자의 틀린 부분을 바로잡음을 나타낸다.
更正内容: 내용을 정정하다

041 传递 : 转达

传递 chuándì
동 전하다

这里的风俗就这样一代代传递下去。
이곳의 풍속은 이렇게 대대로 전해 내려간다.

암기포인트 1. 传: 전하다, 전수하다 + 递: 건네주다
2. 传递는 한 사람이 다른 사람에게 알리고 전달한다는 의미이다.
传递爱心: 사랑을 전하다

转达 zhuǎndá
동 전달하다

小王给秘书转达了总经理的信件。
샤오왕은 비서에게 CEO의 우편물을 전달했다.

암기포인트 1. 转: 전하다, 송달하다 + 达: 도달하다
2. 转达는 어떤 사람이 부탁한 물건이나 말 등을 다른 사람에게 전달한다는 의미이다.
转达信息: 메시지를 전달하다

038 珍惜 : 珍重

珍惜 zhēnxī
동 소중히 하다, 아끼다

我们应该珍惜来之不易的和平。
우리는 쉽게 얻어지지 않는 평화를 매우 소중히 해야 한다.

암기포인트 1. 珍: 진귀하다 + 惜: 소중히 여기다
2. 珍惜는 주로 평화, 시간, 자원 등을 소중하게 여긴다는 의미이다.
珍惜时间: 시간을 아끼다

珍重 zhēnzhòng
동 소중히 하다

人们都在呼吁远离战争、珍重生命。
사람들은 모두 전쟁을 멀리하고, 생명을 소중히 할 것을 호소했다.

암기포인트 1. 珍: 진귀하다 + 重: 중요시하다
2. 珍重은 생명, 우정 등을 중시하거나, 건강을 주의한다는 의미이다.
珍重友情: 우정을 소중히 하다

040 出神 : 入迷

出神 chūshén
동 넋을 잃다, 정신이 나가다

他不说话, 只是呆呆地坐在那里出神。
그는 말을 하지 않고, 그저 멍하니 그곳에 앉아 넋을 잃었다.

암기포인트 1. 出: 나가다 + 神: 정신
2. 出神은 어떤 일에 너무 정신을 집중해서 넋이 나간다는 의미이다.
出神地望着: 정신이 나가 바라보다

入迷 rùmí
동 정신이 팔리다

老师讲的故事使学生们听得入迷。
선생님께서 들려주는 이야기는 학생들로 하여금 듣느라 정신이 팔리게 했다.

암기포인트 1. 入: 들어가다 + 迷: 빠지다, 심취하다
2. 入迷는 어떤 일을 너무 좋아해서 정신이 팔린다는 의미이다.
看得入迷: 보느라 정신이 팔리다

042 化解 : 消融

化解 huàjiě
동 해소하다, 풀다

他觉得没有什么能够化解他心中的苦闷。
그는 그의 마음속 고민을 해소할 수 있는 것이 없다고 생각했다.

암기포인트 1. 化: 풀리다 + 解: 없애다
2. 化解는 고민, 오해, 긴장감과 같은 추상적인 대상을 없앤다는 의미이다.
化解紧张感: 긴장감을 풀다

消融 xiāoróng
동 녹다

白雪在午后的阳光下慢慢消融。
흰 눈이 오후의 햇볕 아래서 천천히 녹았다.

암기포인트 1. 消: 사라지다 + 融: 녹다
2. 消融은 얼음이나 눈같이 차가운 것이 열을 받아 액체가 된다는 의미이다.
冰雪消融: 얼음과 눈이 녹다

043 毁坏 : 毁损 : 破坏 : 损耗

毁坏 huǐhuài　　⑧ 파손하다, 훼손하다

突如其来的山体滑坡毁坏了村民们的房屋。
갑자기 닥쳐온 산사태가 마을 주민들의 집을 파손시켰다.

암기포인트 1. 毁: 부수다 + 坏: 망가지다
　　　　　2. 毁坏는 환경, 명예, 이미지 등을 망가뜨린다는 의미이다.
　　　　　毁坏名誉: 명예를 훼손하다

破坏 pòhuài　　⑧ 깨뜨리다

那个员工破坏了保密协议，因此被公司开除了。
그 직원은 비밀 유지 계약을 깨뜨렸기 때문에, 회사에서 해고됐다.

암기포인트 1. 破: 파손되다 + 坏: 망가지다
　　　　　2. 破坏는 조약, 규약 등을 위반한다는 의미이다.
　　　　　破坏规矩: 규칙을 깨뜨리다

毁损 huǐsǔn　　⑧ 훼손하다

大批文物在这场战争中被毁损了。
대량의 문화재가 이번 전쟁에서 훼손됐다.

암기포인트 1. 毁: 부수다 + 损: 손실을 입히다, 손해를 끼치다
　　　　　2. 毁损은 물건이나 건축물 등이 손상된다는 의미이다.
　　　　　毁损遗迹: 유적지를 훼손하다

损耗 sǔnhào　　⑧ 손상되다, 소모하다

使用劣质充电器，可能会损耗电池。
품질이 떨어지는 충전기를 사용하면, 배터리가 손상될 수 있다.

암기포인트 1. 损: 손실을 입히다, 손해를 끼치다 + 耗: 소모하다
　　　　　2. 损耗는 힘, 물건, 정신 등을 써서 없앤다는 의미이다.
　　　　　损耗电力: 전력을 소모하다

044 汲取 : 吸纳 : 吸取 : 吸收

汲取 jíqǔ　　⑧ 얻다, 흡수하다

他通过读书汲取了许多哲学家的智慧。
그는 독서를 통해 많은 철학자의 지혜를 얻었다.

암기포인트 1. 汲: 물을 길어 올리다 + 取: 가지다
　　　　　2. 汲取는 노력을 들여 지혜나 에너지와 같은 추상적인 것을 받아들인다는 의미이다.
　　　　　汲取能量: 에너지를 흡수하다

吸取 xīqǔ　　⑧ 얻다, 받아들이다

我们必须从上一次的活动中吸取教训。
우리는 반드시 지난 활동에서 교훈을 얻어야 한다.

암기포인트 1. 吸: 들이마시다 + 取: 가지다
　　　　　2. 吸取는 교훈이나 경험과 같은 정신적인 것을 흡수해 자신의 것으로 한다는 의미이다.
　　　　　吸取经验: 경험을 받아들이다

吸纳 xīnà　　⑧ 끌어들이다, 흡입하다

新工业园区已吸纳了上万名就业人员。
새로운 공업단지는 이미 수만 명의 구직자를 끌어들였다.

암기포인트 1. 吸: 들이마시다 + 纳: 받아들이다
　　　　　2. 吸纳는 어떤 사람을 자신의 단체나 조직으로 받아들인다는 의미이다.
　　　　　吸纳人才: 인재를 흡입하다

吸收 xīshōu　　⑧ 흡수하다, 빨아들이다

消化系统的基本功能是消化食物和吸收营养。
소화계통의 기본 기능은 음식물을 소화하고 영양을 흡수하는 것이다.

암기포인트 1. 吸: 들이마시다 + 收: 거두어들이다
　　　　　2. 吸收는 외부의 물질을 내부로 모아들인다는 의미이다.
　　　　　吸收水分: 수분을 빨아들이다

045 偏向 : 倾斜

偏向 piānxiàng　　⑧ 편들다, 편향되다

那个裁判明显偏向蓝队，引起了一些观众的不满。
그 심판은 명백히 청군을 편들어서, 일부 관중들의 불만을 불러일으켰다.

암기포인트 1. 偏: 치우치다 + 向: 향하다
　　　　　2. 偏向은 정책, 판정 등이 옳지 못한 곳으로 치우친다는 의미이다.
　　　　　偏向一方: 한쪽으로 편향되다

倾斜 qīngxié　　⑧ 기울다, 치우치다

那座百年古宅年久失修，有些倾斜了。
그 백 년 된 고택은 오랜 기간 수리하지 않아, 약간 기울어졌다.

암기포인트 1. 倾: 기울다 + 斜: 비스듬하다
　　　　　2. 倾斜는 물체, 신체, 감정 등이 한 방향으로 치우친다는 의미이다.
　　　　　微微倾斜: 조금 치우치다

046 退让 : 妥协

退让 tuìràng　　⑧ 양보하다

在原则性的问题上，我决不退让。
원칙적인 문제에서, 나는 절대 양보하지 않는다.

암기포인트 1. 退: 물러나다 + 让: 사양하다
　　　　　2. 退让은 뒤로 물러난다는 의미로, 이익과 상관없이 관련된 일에서 완전히 손을 뗀다는 어조가 강하다.
　　　　　毫不退让: 전혀 양보하지 않다

妥协 tuǒxié　　⑧ 타협하다, 타결하다

双方争执不下，谁也不愿意妥协。
양측이 서로 고집을 부리며 양보하지 않고, 누구도 타협하기를 원하지 않는다.

암기포인트 1. 妥: 적절하다 + 协: 화합하다
　　　　　2. 妥协는 충돌이나 논쟁을 피하고자 양보한다는 의미이다.
　　　　　临时妥协: 잠정적으로 타결하다

❈ 명사 🎧 유의어_2_명사

---

047 本质 : 根本

本质 běnzhì　　　　　　　　　　　　名 본질

老师教导我们要透过现象看本质。
선생님께서는 우리에게 현상을 꿰뚫고 본질을 봐야 한다고 가르치셨다.

(암기포인트) 1. 本: 근본 + 质: 성질
　　　　　 2. 本质은 본래부터 가지고 있는 사물 자체의 성질이나 모습을 의미한다.
　　　　　 问题的本质: 문제의 본질

根本 gēnběn　　　　　　　　　　　　名 근본

教育是一个国家发展的根本。
교육은 국가 발전의 근본이다.

(암기포인트) 1. 根: 뿌리 + 本: 근본
　　　　　 2. 根本은 사물의 본바탕이나 가장 중요한 부분을 의미한다.
　　　　　 事物的根本: 사물의 근본

---

049 财产 : 财富

财产 cáichǎn　　　　　　　　　　　　名 재산

她用全部财产买了这颗宝石。
그녀는 전 재산으로 이 보석을 샀다.

(암기포인트) 1. 财: 재물, 재화 + 产: 생산품, 산물
　　　　　 2. 财产은 거래를 통해 생기는 금전적인 이익을 의미한다.
　　　　　 没收财产: 재산을 몰수하다

财富 cáifù　　　　　　　　　　　　　名 자산, 재산

健康的身体是一个人一生的财富。
건강한 신체는 한 사람 한평생의 자산이다.

(암기포인트) 1. 财: 재물, 재화 + 富: 재산, 자원
　　　　　 2. 财富는 금전적 이익뿐만 아니라 정신적 풍요로움도 함께 의미한다.
　　　　　 获得财富: 재산을 획득하다

---

051 产品 : 产物

产品 chǎnpǐn　　　　　　　　　　　　名 제품, 상품

市场部在探讨新产品的推广计划。
마케팅 부서는 신제품의 보급 계획을 토의하고 있다.

(암기포인트) 1. 产: 생산하다 + 品: 물품
　　　　　 2. 产品은 만들어서 생산돼 나오는 물건을 의미한다.
　　　　　 出口产品: 수출 상품

产物 chǎnwù　　　　　　　　　　　　名 산물

这种现象可以说是社会发展的产物。
이런 현상은 사회 발전의 산물이라고 할 수 있다.

(암기포인트) 1. 产: 생산하다 + 物: 물건
　　　　　 2. 产物는 어떤 것에 의해 생겨나는 사물 또는 현상을 비유적으로 나타낸다.
　　　　　 文化产物: 문화의 산물

---

048 才干 : 才华

才干 cáigàn　　　　　　　　　　　　名 능력, 재간

他是一个又聪明又有才干的年轻人。
그는 똑똑하기도 하고 능력도 있는 젊은이다.

(암기포인트) 1. 才: 재능, 재주 + 干: 일을 하다
　　　　　 2. 才干은 일을 처리하는 능력을 의미한다.
　　　　　 发挥才干: 재간을 발휘하다

才华 cáihuá　　　　　　　　　　　　名 재능, 재주

他在诗歌创作上非常有才华。
그는 시가 창작에 매우 재능이 있다.

(암기포인트) 1. 才: 재능, 재주 + 华: 정화, 정수
　　　　　 2. 才华는 주로 문화, 예술 분야에서 보이는 재능을 의미한다.
　　　　　 富有才华: 재주가 넘쳐흐르다

---

050 偏差 : 时差

偏差 piānchā　　　　　　　　　　　　名 편차, 오차

航空航天领域不允许有丝毫的偏差。
우주 비행 분야는 아주 작은 편차가 있는 것도 허락하지 않는다.

(암기포인트) 1. 偏: 치우치다 + 差: 차이가 나다
　　　　　 2. 偏差는 수치, 위치, 방향 등이 일정한 기준에서 벗어난 정도 또는 크기를 의미한다.
　　　　　 发生偏差: 오차가 발생하다

时差 shíchā　　　　　　　　　　　　名 시차

她频繁地去国外出差，都来不及倒时差。
그녀는 빈번하게 외국으로 출장을 가서, 시차에 적응할 시간조차 없다.

(암기포인트) 1. 时: 시간, 때 + 差: 차이가 나다
　　　　　 2. 时差는 세계 표준시를 기준으로 해 정한 세계 각 지역의 시간 차이를 의미한다.
　　　　　 调整时差: 시차를 조절하다

---

052 高潮 : 热潮

高潮 gāocháo　　　　　　　　　　　　名 절정, 클라이맥스

在五一长假期间，国内旅游市场迎来了一次高潮。
5·1 노동절 장기 연휴 기간에, 국내 여행 시장은 한 번의 절정을 맞이했다.

(암기포인트) 1. 高: 높다 + 潮: 흐름
　　　　　 2. 高潮는 최고의 경지에 달한 상태를 나타낸다.
　　　　　 戏剧的高潮: 연극의 클라이맥스

热潮 rècháo　　　　　　　　　　　　名 열기, 최고조

近几年，国内掀起了一股创业热潮。
최근 몇 년간, 국내에 창업 열기가 불었다.

(암기포인트) 1. 热: 인기 있는 + 潮: 흐름
　　　　　 2. 热潮는 달아오른 분위기나 상황을 나타낸다.
　　　　　 消费热潮: 소비 최고조

053 成果 : 成就

成果 chéngguǒ 명 성과

他们将这一研究成果写成了论文。
그들은 이 연구 성과를 논문으로 썼다.

(암기포인트) 1. 成: 이루다 + 果: 결과
2. 成果는 긍정적인 결과를 의미한다.
共享成果: 성과를 함께 누리다

成就 chéngjiù 명 성취

只要朝着目标努力，就终将有所成就。
목표를 향해 노력하기만 하면, 결국에는 성취가 있을 것이다.

(암기포인트) 1. 成: 이루다 + 就: 완성하다
2. 成就는 목적한 바를 이루어 냄을 의미한다.
取得成就: 성취를 이루다

055 高压 : 高原

高压 gāoyā 명 고압

合成氨是在高压和高温的条件下，由氢气和氮气化合而成的。
합성 암모니아는 고압과 고온의 환경 하에, 수소와 질소가 화합하여 만들어진 것이다.

(암기포인트) 1. 高: 높다 + 压: 누르다
2. 高压는 강한 물리적인 힘으로 누르는 높은 압력을 의미한다.
高压电线: 고압 전선

高原 gāoyuán 명 고원

高原地带的盐湖蕴藏着大量的矿产。
고원 지대의 함수호에는 대량의 광산물이 매장돼 있다.

(암기포인트) 1. 高: 높다 + 原: 넓고 평탄한 곳
2. 高原은 보통 해발 고도 600미터 이상에 있는 넓은 벌판을 의미한다.
高原气候: 고원 기후

057 机缘 : 契机

机缘 jīyuán 명 기회와 인연

他们的合作完全是出于一次偶然的机缘。
그들의 합작은 완전히 우연한 기회와 인연에서 비롯됐다.

(암기포인트) 1. 机: 기회 + 缘: 인연
2. 机缘은 '기회'와 '인연'을 나타내며, 어떤 기회를 통해 맺어진 인연을 의미한다.
机缘巧合: 기회와 인연이 딱 들어맞다

契机 qìjī 명 계기

改革开放成为了中国经济发展的契机。
개혁 개방은 중국 경제 발전의 계기가 됐다.

(암기포인트) 1. 契: 뜻이 통하다 + 机: 기회
2. 契机는 어떤 일이 일어나거나 변화하도록 만드는 결정적인 원인 또는 기회를 의미한다.
良好契机: 좋은 계기

054 焦点 : 特点

焦点 jiāodiǎn 명 초점

新来的同事成为了大家关注的焦点。
새로 온 동료는 모두가 관심을 갖는 초점이 됐다.

(암기포인트) 1. 焦: 타다, 눋다 + 点: 사물의 한 부분
2. 焦点은 사람들의 관심이나 주의가 집중되는 중심 부분을 의미한다.
争议的焦点: 논쟁의 초점

特点 tèdiǎn 명 특징

每一种语言都有其独一无二的特点。
모든 언어는 그것만의 유일무이한 특징이 있다.

(암기포인트) 1. 特: 독특하다 + 点: 사물의 한 부분
2. 特点은 대상에서 눈에 띄는 고유한 부분을 의미한다.
突出的特点: 두드러지는 특징

056 功能 : 功效

功能 gōngnéng 명 기능, 효능

这台新机器具备多种功能。
이 새로운 기계는 여러 종류의 기능이 있다.

(암기포인트) 1. 功: 효과 + 能: 기능
2. 功能은 사물이나 방법이 가진 유익한 역할과 작용을 의미한다.
特异功能: 특수 효능

功效 gōngxiào 명 효능, 효과

这个药不仅有治疗作用，还有预防的功效。
이 약은 치료 효과가 있을 뿐만 아니라, 예방의 효능도 있다.

(암기포인트) 1. 功: 효과 + 效: 효력
2. 功效는 어떤 행동이나 대상이 가져올 좋은 결과를 의미한다.
显著功效: 현저한 효과

058 记性 : 记忆

记性 jìxing 명 기억력

他说最近记性越来越差了。
그는 최근 기억력이 갈수록 나빠진다고 말했다.

(암기포인트) 1. 记: 기억하다 + 性: 성능, 성질
2. 记性은 이전의 인상이나 경험을 의식 속에 간직해 두는 능력을 의미한다.
记性不好: 기억력이 나쁘다

记忆 jìyì 명 기억

和父母一起旅游是他童年最美好的记忆。
부모님과 같이 여행한 것은 그의 어린 시절 가장 아름다운 기억이다.

(암기포인트) 1. 记: 기억하다 + 忆: 회상하다
2. 记忆는 이전의 인상이나 경험을 의식 속에 간직하거나 도로 생각해내는 것을 의미한다.
留下记忆: 기억을 남기다

059 技法 : 技艺

技法 jìfǎ
명 기법

我非常喜欢这个画家的绘画技法。
나는 이 화가의 그림 그리는 기법을 매우 좋아한다.

(암기포인트) 1. 技: 기술 + 法: 법
2. 技法는 '기교'와 '방법'을 나타내며, 역량이 발생하는 그 자체를 의미한다.
常用技法: 상용 기법

技艺 jìyì
명 기예

这门技艺因没有传承人而面临失传。
이 기예는 계승자가 없어서 전수가 끊길 위기에 처했다.

(암기포인트) 1. 技: 기술 + 艺: 예술
2. 技艺는 '기술'과 '예술'의 의미로, 갈고닦은 솜씨를 나타낸다.
技艺高超: 기예가 뛰어나다

061 工具 : 文具

工具 gōngjù
명 도구

考古学家发现了一些古人使用过的工具。
고고학자는 옛사람이 사용했던 여러 도구를 발견했다.

(암기포인트) 1. 工: 작업 + 具: 도구
2. 工具는 어떤 일을 할 때 쓰는 연장을 통틀어 의미한다.
生产工具: 생산 도구

文具 wénjù
명 학용품, 문구

她昨天上学时竟然忘了带文具。
그녀는 어제 등교할 때 뜻밖에도 학용품을 가져가는 것을 잊었다.

(암기포인트) 1. 文: 문장 + 具: 도구
2. 文具는 학습에 필요한 물품을 의미한다.
一套文具: 문구 한 세트

063 精力 : 力量

精力 jīnglì
명 에너지, 힘

他不想在没有意义的事情上浪费精力。
그는 의미 없는 일에 에너지를 낭비하고 싶지 않았다.

(암기포인트) 1. 精: 정신, 정기 + 力: 힘
2. 精力는 인간이 활동하는 데 근원이 되는 힘을 의미한다.
精力旺盛: 힘이 넘치다

力量 lìliàng
명 힘, 역량

老师常常对我们说, 知识就是力量。
선생님께서는 자주 우리에게, 지식이 곧 힘이라고 말씀하셨다.

(암기포인트) 1. 力: 힘 + 量: 용량, 한도
2. 力量은 어떤 일을 할 수 있는 능력이나 역량을 의미한다.
发挥力量: 역량을 발휘하다

060 结构 : 结论

结构 jiégòu
명 구조

这个建筑的亮点是独特的内部结构。
이 건축물의 특출난 부분은 독특한 내부 구조이다.

(암기포인트) 1. 结: 결합하다 + 构: 결성하다
2. 结构는 부분이나 요소가 어떤 전체를 짜 이루는 것을 의미한다.
结构复杂: 구조가 복잡하다

结论 jiélùn
명 결론

他们讨论了一整天也没有得出结论。
그들은 온종일 토론했음에도 결론을 얻지 못했다.

(암기포인트) 1. 结: 결합하다 + 论: 논하다
2. 结论은 추론에서 일정한 명제를 전제로 해 끌어낸 판단을 의미한다.
相反的结论: 상반된 결론

062 礼节 : 礼仪

礼节 lǐjié
명 예절

村民们用最高的礼节接待了客人。
마을 사람들은 제일 극진한 예절로 손님을 접대했다.

(암기포인트) 1. 礼: 예 + 节: 예절
2. 礼节는 예의에 관한 모든 절차나 질서를 의미한다.
讲究礼节: 예절을 중시하다

礼仪 lǐyí
명 예의

周朝时期, 人们非常重视礼仪形式。
주나라 시대에, 사람들은 예의의 형식을 매우 중시했다.

(암기포인트) 1. 礼: 예 + 仪: 의식
2. 礼仪는 '예절'과 '의식'의 의미로, 예를 갖춘 말투나 몸가짐을 나타낸다.
礼仪之邦: 예의지국

064 分量 : 数量

分量 fènliàng
명 무게

作为一个底层员工, 他的话几乎没有什么分量。
말단 직원으로서, 그의 말에는 거의 아무 무게가 없다.

(암기포인트) 1. 分: 성분, 요소 + 量: 수량, 양
2. 分量은 글이나 말이 지닌 가치 또는 사물의 무게를 나타낸다.
分量极重: 무게가 몹시 무겁다

数量 shùliàng
명 수량

在出发之前, 他确认了所有药品的数量。
출발하기 전에, 그는 모든 약품의 수량을 확인했다.

(암기포인트) 1. 数: 세다 + 量: 수량, 양
2. 数量은 가짓수나 분량을 나타낸다.
数量庞大: 수량이 방대하다

065 调料 : 养料

调料 tiáoliào　　　　　　　　　　　　몡 양념, 조미료

这家面馆自制的调料味道独特。
이 국숫집에서 직접 제조한 양념은 맛이 독특하다.

(암기포인트)　1. 调: 배합하다 + 料: 재료, 원료
　　　　　　2. 调料는 음식의 맛을 알맞게 맞추는 데에 쓰이는 재료를 의미한다.
　　　　　　添加调料: 조미료를 추가하다

养料 yǎngliào　　　　　　　　　　　　몡 자양분

植物通过根系从土壤中吸收养料。
식물은 뿌리를 통해 흙에서 자양분을 흡수한다.

(암기포인트)　1. 养: 기르다, 재배하다 + 料: 재료, 원료
　　　　　　2. 养料는 영양분이 되는 재료를 의미한다.
　　　　　　输送养料: 자양분을 수송하다

067 记录 : 纪录

记录 jìlù　　　　　　　　　　　　　　몡 기록

每次开完重要会议，她都会及时整理会议记录。
중요한 회의가 끝날 때마다, 그녀는 곧바로 회의 기록을 정리했다.

(암기포인트)　1. 记: 기억하다 + 录: 기록하다
　　　　　　2. 记录는 주로 후일에 남길 목적으로 어떤 사실을 적은 글을 의미한다.
　　　　　　购物记录: 쇼핑 기록

纪录 jìlù　　　　　　　　　　　　　　몡 최고 기록

他在奥运会上再次打破了世界纪录。
그는 올림픽에서 다시 한 번 세계 최고 기록을 돌파했다.

(암기포인트)　1. 纪: 기재하다 + 录: 기록하다
　　　　　　2. 纪录는 일정 시기와 범위 내에서 세운 최고 기록을 나타내며, 주로 올림픽이나 기네스 세계 기록에 사용된다.
　　　　　　历史纪录: 역사의 최고 기록

069 内幕 : 字幕

内幕 nèimù　　　　　　　　　　　　　몡 내막, 속사정

一名现场的工人向记者说出了事故的内幕。
현장의 노동자 한 명이 기자에게 사고의 내막을 말했다.

(암기포인트)　1. 内: 안쪽, 내부 + 幕: 스크린, 막
　　　　　　2. 内幕는 겉으로 드러나지 않은 일의 속 내용을 의미한다.
　　　　　　揭露内幕: 속사정을 폭로하다

字幕 zìmù　　　　　　　　　　　　　몡 자막

这部英文纪录片配有中文字幕。
이 영어 다큐멘터리는 중국어 자막이 있다.

(암기포인트)　1. 字: 글자 + 幕: 스크린, 막
　　　　　　2. 字幕는 영화나 텔레비전 등에서 관객 또는 시청자가 읽을 수 있도록 화면에 비추는 글자를 의미한다.
　　　　　　电影字幕: 영화 자막

066 领土 : 领域

领土 lǐngtǔ　　　　　　　　　　　　몡 영토, 국토

这些国家在领土问题上都保持着强硬的态度。
이런 국가들은 영토 문제에 모두 강경한 태도를 유지하고 있다.

(암기포인트)　1. 领: 거느리다, 다스리다 + 土: 토지
　　　　　　2. 领土는 국가의 통치권이 미치는 구역을 의미한다.
　　　　　　保卫领土: 국토를 보위하다

领域 lǐngyù　　　　　　　　　　　　몡 분야, 영역

公司正在积极发展新能源领域的业务。
회사는 현재 적극적으로 대체 에너지 분야의 업무를 발전시키고 있다.

(암기포인트)　1. 领: 거느리다, 다스리다 + 域: 지역, 구역
　　　　　　2. 领域는 학술, 사상, 사회 활동의 일정한 범위를 의미한다.
　　　　　　物理领域: 물리 영역

068 目标 : 目的

目标 mùbiāo　　　　　　　　　　　　몡 목표

他建议年轻人要设定一个明确的人生目标。
그는 젊은이에게 명확한 인생 목표를 세워야 한다고 제안한다.

(암기포인트)　1. 目: 조목 + 标: 지표
　　　　　　2. 目标는 목적으로 삼아 도달해야 할 곳 또는 지향하는 대상을 의미한다.
　　　　　　实现目标: 목표를 실현하다

目的 mùdì　　　　　　　　　　　　　몡 목적

调整业务流程的目的在于提高工作效率。
업무 프로세스를 조정하는 것의 목적은 일의 효율을 높이는 데 있다.

(암기포인트)　1. 目: 조목 + 的: 목표
　　　　　　2. 目的은 얻고자 하는 결과나 도달하고자 하는 경지를 의미한다.
　　　　　　达到目的: 목적을 달성하다

070 机能 : 职能

机能 jīnéng　　　　　　　　　　　　몡 기능

维生素有助于维持皮肤组织的正常机能。
비타민은 피부 조직의 정상적인 기능을 유지하는 데 도움을 준다.

(암기포인트)　1. 机: 작용 + 能: 기능
　　　　　　2. 机能은 세포조직이나 기관 등의 작용과 활동 능력을 의미한다.
　　　　　　身体机能: 신체 기능

职能 zhínéng　　　　　　　　　　　　몡 역할, 기능

在大会上，总经理明确了各部门的职能。
총회에서, CEO는 각 부서의 역할을 명확히 했다.

(암기포인트)　1. 职: 직무, 직위 + 能: 기능
　　　　　　2. 职能은 사람, 사물, 기구 등이 마땅히 가지고 있어야 하는 역할을 의미한다.
　　　　　　政府职能: 정부의 기능

---

071 分歧 : 歧义

分歧 fēnqí   몡 불일치

他们在政治意见上存在很大的分歧。
그들은 정치적인 의견에 큰 불일치가 있다.

암기포인트   1. 分: 나누다 + 歧: 다르다
   2. 分歧는 사상, 의견, 기록 등의 불일치를 나타낸다.
     发生分歧: 불일치가 발생하다

歧义 qíyì   몡 중의적인 뜻, 다른 뜻

她认真修改了几个有歧义的词汇。
그녀는 열심히 중의적인 뜻이 있는 어휘 몇 개를 수정했다.

암기포인트   1. 歧: 다르다 + 义: 뜻
   2. 歧义는 한 단어나 문장이 두 가지 이상의 뜻으로 해석될
     수 있는 것을 나타낸다.
     具有歧义: 다른 뜻을 가지다

---

073 情绪 : 情谊

情绪 qíngxù   몡 기분, 감정

心情不好的时候，可以通过音乐来调节情绪。
기분이 좋지 않을 때, 음악을 통해 기분을 조절할 수 있다.

암기포인트   1. 情: 감정 + 绪: 정서
   2. 情绪는 어떤 활동에서 나타나는 심리 상태를 나타낸다.
     负面情绪: 부정적인 감정

情谊 qíngyì   몡 우정, 정

他们在长期的合作中结下了深厚的情谊。
그들은 장기간의 합작에서 두터운 우정을 쌓았다.

암기포인트   1. 情: 감정 + 谊: 우정, 친분
   2. 情谊는 서로 사귀어 친해진 정을 나타낸다.
     兄弟情谊: 형제의 정

---

075 方式 : 形式

方式 fāngshì   몡 방식

她的说话方式让人感到很舒服。
그녀의 말하는 방식은 사람들이 편안함을 느끼게 한다.

암기포인트   1. 方: 방법 + 式: 양식, 격식
   2. 方式은 일정한 방법이나 형식을 의미한다.
     生活方式: 생활 방식

形式 xíngshì   몡 형식

电影和戏剧的表现形式有所不同。
영화와 연극의 표현 형식에는 다른 점이 있다.

암기포인트   1. 形: 형상, 모양 + 式: 양식, 격식
   2. 形式은 사물이 외부로 나타나 보이는 모양을 의미한다.
     书面形式: 서면 형식

---

072 风气 : 气氛

风气 fēngqì   몡 기풍

在全体员工的努力下，这家公司形成了良好的风气。
전 직원의 노력 하에, 이 회사는 좋은 기풍을 형성했다.

암기포인트   1. 风: 풍습 + 气: 습관, 공기
   2. 风气는 사회나 지역의 사람들이 가진 공통적인 습관을
     의미한다.
     社会风气: 사회 기풍

气氛 qìfēn   몡 분위기

主持人的笑话打破了紧张的气氛。
사회자의 농담은 긴장된 분위기를 깨뜨렸다.

암기포인트   1. 气: 공기, 습관 + 氛: 분위기
   2. 气氛은 주위를 둘러싸고 있는 상황이나 환경을 의미한
     다.
     营造气氛: 분위기를 형성하다

---

074 法人 : 证人

法人 fǎrén   몡 법인

这家银行的董事会决定在中国设立法人。
이 은행의 이사회는 중국에 법인을 설립하기로 결정했다.

암기포인트   1. 法: 법 + 人: 사람
   2. 法人은 법에 따라 권리 능력이 부여되는 사단과 재단
     을 의미한다.
     海外法人: 해외 법인

证人 zhèngrén   몡 증인

他将作为关键证人为朋友出庭作证。
그는 결정적인 증인으로서 친구를 위해 법정에 출석해 증언을 할 것이다.

암기포인트   1. 证: 증명하다 + 人: 사람
   2. 证人은 어떤 사실을 증명하는 사람을 의미한다.
     主要证人: 주요 증인

---

076 思路 : 思维

思路 sīlù   몡 사고의 맥, 문장의 맥락

在他想事情的时候，别打断他的思路。
그가 일을 생각할 때, 그의 사고의 맥을 끊지 마라.

암기포인트   1. 思: 생각하다 + 路: 길
   2. 思路는 생각이나 문장이 서로 이어져 있는 관계 또는 연
     관을 나타낸다.
     思路明确: 문장의 맥락이 명확하다

思维 sīwéi   몡 사고, 사유

教育学家强调要培养孩子的创造性思维。
교육학자는 아이의 창조적인 사고를 길러야 한다고 강조했다.

암기포인트   1. 思: 생각하다 + 维: 잇다, 연결하다
   2. 思维는 생각하고 궁리하는 것을 나타낸다.
     逻辑思维: 논리적 사유

---

077 特色 : 特性

特色 tèsè
명 특색

该地区发展了具有地方特色的旅游业。
해당 지역은 지방 특색을 갖춘 관광업을 발전시켰다.

(암기포인트) 1. 特: 독특하다 + 色: 색깔
2. 特色는 보통의 것과 다른 독특한 점을 의미한다.
各具特色: 각자 특색이 있다

特性 tèxìng
명 특성

他们正在研究这种热带植物的药物特性。
그들은 지금 이 열대 식물의 약물적 특성을 연구하고 있다.

(암기포인트) 1. 特: 독특하다 + 性: 성질, 성능
2. 特性은 일정한 사물에만 있는 특수한 성질을 의미한다.
民族特性: 민족 특성

079 绩效 : 效果

绩效 jìxiào
명 업적, 실적

销售部的员工将根据绩效获得奖金。
판매 부서의 직원은 업적에 따라 상여금을 받을 것이다.

(암기포인트) 1. 绩: 성과 + 效: 효과
2. 绩效는 어떤 사업이나 연구 등에서 세운 공적을 의미한다.
绩效管理: 실적 관리

效果 xiàoguǒ
명 효과

这个音响虽然贵，但是效果很好。
이 스피커는 비록 비싸지만, 효과가 좋다.

(암기포인트) 1. 效: 효과 + 果: 결과
2. 效果는 어떤 목적을 지닌 행위 때문에 드러나는 보람 또는 좋은 결과를 의미한다.
学习效果: 학습 효과

081 教养 : 素养

教养 jiàoyǎng
명 교양

插队被认为是一种没有教养的行为。
새치기하는 것은 교양 없는 행동으로 여겨진다.

(암기포인트) 1. 教: 가르치다 + 养: 수양하다
2. 教养은 학문, 지식, 사회생활을 바탕으로 이루어지는 품위를 나타낸다.
文化教养: 문화 교양

素养 sùyǎng
명 소양

这本书概述了评论家应该具备的素养。
이 책은 평론가가 갖추어야 할 소양에 대해서 약술하고 있다.

(암기포인트) 1. 素: 평소의, 원래의 + 养: 수양하다
2. 素养은 평소 닦아 놓은 학문이나 지식을 나타낸다.
人文素养: 인문학적 소양

078 味道 : 味觉

味道 wèidao
명 냄새, 맛

小小的房间里充满了牛排的味道。
작디작은 방에 스테이크의 냄새가 가득했다.

(암기포인트) 1. 味: 냄새, 맛 + 道: 방법, 도리
2. 味道는 코나 혀로 느껴지는 감각을 의미한다.
味道香甜: 맛이 향기롭고 달다

味觉 wèijué
명 미각

他在这家饭店里得到了味觉的满足。
그는 이 식당에서 미각의 만족을 얻었다.

(암기포인트) 1. 味: 맛, 냄새 + 觉: 감각
2. 味觉는 맛을 느끼는 감각을 의미한다.
味觉发达: 미각이 발달하다

080 思绪 : 心绪

思绪 sīxù
명 마음, 생각

在那段时间，我度过了无数个思绪不宁的夜晚。
그 시간 동안, 나는 마음이 편치 않은 무수한 밤을 보냈다.

(암기포인트) 1. 思: 생각하다 + 绪: 정서
2. 思绪는 사람의 마음에 일어나는 여러 감정이나 기분을 의미한다.
思绪万千: 많은 생각이 들다

心绪 xīnxù
명 마음

走出电影院时，他的心绪难以平静。
영화관을 걸어 나갈 때, 그의 마음은 차분해지기 어려웠다.

(암기포인트) 1. 心: 마음 + 绪: 정서
2. 心绪는 마음속에 품고 있는 생각이나 감정을 의미하며, 주로 불안정하고 어지러운 마음을 나타낸다.
心绪烦乱: 마음이 심란하다

082 样品 : 样式

样品 yàngpǐn
명 샘플, 견본

该工厂向检验部门提供了样品。
해당 공장은 검사 부서에 샘플을 제공했다.

(암기포인트) 1. 样: 모양 + 品: 물품
2. 样品은 전체 상품의 모양이나 상태 등을 알아볼 수 있도록 본보기로 내보이는 물건을 의미한다.
采集样品: 견본을 채집하다

样式 yàngshì
명 스타일, 양식

这个牌子的衣服有着独特的样式。
이 브랜드의 옷은 독특한 스타일이 있다.

(암기포인트) 1. 样: 모양 + 式: 양식, 격식
2. 样式는 일정한 모양이나 형식을 의미한다.
建筑样式: 건축 양식

083 行业 : 物业

行业 hángyè [명] 업계

大学毕业后，我想进入建筑行业，当一名建筑设计师。
대학 졸업 후, 나는 건축 업계로 들어가서, 건축 설계사가 되고 싶다.

(암기포인트) 1. 行: 직업 + 业: 일, 업무
2. 行业는 같은 산업이나 상업에 종사하는 사람들의 활동 분야를 의미한다.
相关行业: 관련 업계

物业 wùyè [명] 부동산

按照国家有关规定，业主有义务支付物业税。
국가의 관련 규정에 따라, 부동산 소유자는 부동산세를 낼 의무가 있다.

(암기포인트) 1. 物: 물건 + 业: 일, 업무
2. 物业는 아파트, 빌딩과 같은 건물 또는 토지 등을 의미한다.
物业租赁: 부동산 임대

084 意图 : 意义

意图 yìtú [명] 의도

为了达到目的，他故意隐藏了自己的真实意图。
목적에 도달하기 위해, 그는 고의로 자신의 진실한 의도를 숨겼다.

(암기포인트) 1. 意: 생각, 의미 + 图: 계획하다
2. 意图는 무엇을 하고자 하는 생각이나 계획을 의미한다.
政治意图: 정치적 의도

意义 yìyì [명] 의미

这个名字对她来说有特别的意义。
이 이름은 그녀에게 있어 특별한 의미가 있다.

(암기포인트) 1. 意: 생각, 의미 + 义: 뜻
2. 意义는 글 또는 사물이 가지는 뜻을 의미한다.
真正意义: 진정한 의미

085 战斗 : 战略 : 战术 : 战役

战斗 zhàndòu [명] 전투, 전쟁

他说人生就像战斗，每一步都关系到成败。
그는 인생이 마치 전투와 같으며, 매 발걸음이 성패와 관련 있다고 말했다.

(암기포인트) 1. 战: 전쟁하다 + 斗: 투쟁하다
2. 战斗는 두 편의 군대가 조직적으로 무장해 싸우는 것을 나타낸다.
投入战斗: 전쟁에 투입되다

战术 zhànshù [명] 전술

输了比赛以后，他们一起讨论了战术问题。
경기에서 진 후, 그들은 함께 전술 문제를 토론했다.

(암기포인트) 1. 战: 전쟁하다 + 术: 기술
2. 战术는 전쟁이나 경기에서 일정한 목적을 달성하기 위한 수단이나 방법을 의미한다.
游击战术: 유격 전술

战略 zhànlüè [명] 전략

两国总统一致决定将两国关系提升为战略伙伴关系。
양국 대통령은 양국 관계를 전략적 동반자 관계로 격상시키기로 함께 결정했다.

(암기포인트) 1. 战: 전쟁하다 + 略: 계획, 계책
2. 战略는 전쟁에서뿐 아니라 정치, 경제 분야에서 어떤 일을 이끌어 가는 데 필요한 방법이나 책략을 의미한다.
军事战略: 군사 전략

战役 zhànyì [명] 전투, 전역

爷爷曾经在那次战役中受过重伤。
할아버지께서는 일찍이 그 전투에서 중상을 얻으셨다.

(암기포인트) 1. 战: 전쟁하다 + 役: 전투
2. 战役는 국가나 규모가 큰 단체가 통일된 작전 계획에 따라 무력을 사용해 싸우는 것을 나타낸다.
重大战役: 중요 전역

086 斗志 : 意志

斗志 dòuzhì [명] 투지

他终于下定了决心，眼里充满了斗志。
그는 드디어 결심을 내렸고, 눈에는 투지가 가득했다.

(암기포인트) 1. 斗: 투쟁하다 + 志: 의지
2. 斗志는 싸우고자 하는 굳센 마음을 나타낸다.
丧失斗志: 투지를 잃다

意志 yìzhì [명] 의지

意志不够坚定的人很难抵抗诱惑。
의지가 확고하지 않은 사람은 유혹을 뿌리치기 어렵다.

(암기포인트) 1. 意: 생각, 의미 + 志: 의지
2. 意志는 어떤 일을 이루고자 하는 마음을 나타낸다.
主观意志: 주관적인 의지

087 姿势 : 姿态

姿势 zīshì [명] 자세

说话人的语气和姿势都能传达某种信息。
말하는 사람의 말투와 자세는 모두 모종의 정보를 전달할 수 있다.

(암기포인트) 1. 姿: 자태 + 势: 형상
2. 姿势는 몸이 취한 모양을 나타낸다.
换个姿势: 자세를 바꾸다

姿态 zītài [명] 모습, 태도

他以胜利者的姿态站在了观众面前。
그는 승리자의 모습으로 관중 앞에 섰다.

(암기포인트) 1. 姿: 자태 + 态: 태도
2. 姿态는 사람의 외형적인 자세뿐만 아니라 내적인 마음가짐도 함께 나타낸다.
积极的姿态: 적극적인 태도

✱ 형용사 🎧 유의어_3_형용사

---

088 出色：突出

出色 chūsè　　　　　　　　형 뛰어나다, 훌륭하다

她是出色的演员，她塑造的人物形象逼真、生动。
그녀는 뛰어난 배우이고, 그녀가 표현해낸 인물 형상은 마치 진짜 같고 생동적이다.

암기포인트　1. 出: 나타나다 + 色: 색깔
　　　　　　2. 出色은 눈에 띌 만큼 특출나다는 의미이다.
　　　　　　　出色的人才: 훌륭한 인재

突出 tūchū　　　　　　　　형 두드러지다

这个青年在数学领域取得了突出的成就。
이 청년은 수학 분야에서 두드러지는 성취를 얻었다.

암기포인트　1. 突: 두드러지다 + 出: 나타나다
　　　　　　2. 突出는 겉으로 드러나서 뚜렷하다는 의미로, 어느 무리 중에서 유난히 돋보인다는 비교 의미를 나타낸다.
　　　　　　　贡献突出: 공헌이 두드러지다

---

090 崇高：高尚

崇高 chónggāo　　　　　　　형 숭고하다

他一直在追求崇高的理想，并为之奋斗。
그는 줄곧 숭고한 이상을 추구하고, 아울러 이를 위해 분투하고 있다.

암기포인트　1. 崇: 숭배하다 + 高: 높다
　　　　　　2. 崇高는 이상이나 사람의 뜻이 높고 고상하다는 의미이다.
　　　　　　　崇高的敬意: 숭고한 경의

高尚 gāoshàng　　　　　　형 덕이 높다, 고상하다

老师教导我们要做一个道德高尚、行为端正的人。
선생님께서는 우리에게 덕이 높고, 행실이 바른 사람이 돼야 한다고 가르치셨다.

암기포인트　1. 高: 높다 + 尚: 존중하다
　　　　　　2. 高尚은 도덕적으로 훌륭하다는 의미이다.
　　　　　　　高尚的品质: 고상한 품성

---

092 宏观：可观

宏观 hóngguān　　　　　　형 전반적이다, 거시적이다

几位评论家对这部文学作品进行了宏观分析。
평론가 몇 분은 이 문학작품에 대해 전반적인 분석을 진행했다.

암기포인트　1. 宏: 넓고 크다 + 观: 모습
　　　　　　2. 宏观은 사물이나 현상을 전체적으로 분석하고 파악한다는 의미이다.
　　　　　　　宏观视角: 거시적인 시각

可观 kěguān　　　　　　　형 굉장하다, 상당하다

新产品给我们公司带来了可观的收入。
새로운 제품은 우리 회사에 굉장한 수입을 가져왔다.

암기포인트　1. 可: ~할 만하다 + 观: 모습
　　　　　　2. 可观은 도달한 수준 또는 정도가 비교적 높다는 의미이다.
　　　　　　　利润可观: 이윤이 상당하다

---

089 腐败：腐烂

腐败 fǔbài　　　　　　　　형 부패하다

那个腐败的公务员受到了民众的谴责。
그 부패한 공무원은 민중의 질책을 받았다.

암기포인트　1. 腐: 부패하다 + 败: 몰락하다
　　　　　　2. 腐败는 사상, 제도, 조직, 조치 등이 혼란하다는 의미이다.
　　　　　　　政治腐败: 정치가 부패하다

腐烂 fǔlàn　　　　　　　　형 타락하다

我喜欢的体育明星退役后过着腐烂的生活。
내가 좋아하는 스포츠 스타는 은퇴 후 타락한 생활을 보내고 있다.

암기포인트　1. 腐: 부패하다 + 烂: 썩다
　　　　　　2. 腐烂은 바른 길을 벗어나 잘못된 길로 빠졌다는 의미이며, 동사로 쓰일 경우 물체가 썩는 것을 나타낸다.
　　　　　　　腐烂的灵魂: 타락한 영혼

---

091 公道：公平

公道 gōngdao　　　　　　형 공정하다, 합리적이다

这算是一个比较公道的说法。
이것은 비교적 공정한 의견이라고 할 수 있다.

암기포인트　1. 公: 공정하다 + 道: 방법, 도리
　　　　　　2. 公道는 이치에 맞고 올바르다는 의미이다.
　　　　　　　价格公道: 가격이 합리적이다

公平 gōngpíng　　　　　　형 공평하다

政府为中小企业营造了公平的竞争环境。
정부는 중소기업을 위해 공평한 경쟁 환경을 조성했다.

암기포인트　1. 公: 공정하다 + 平: 평평하게 만들다
　　　　　　2. 公平은 어느 쪽으로도 치우치지 않고 고르다는 의미이다.
　　　　　　　机会公平: 기회가 공평하다

---

093 合法：合算

合法 héfǎ　　　　　　　　형 합법적이다

这些资金都是通过合法渠道获得的。
이 자금들은 모두 합법적인 경로를 통해 획득한 것이다.

암기포인트　1. 合: 부합하다 + 法: 법
　　　　　　2. 合法는 법령이나 규범에 맞다는 의미이다.
　　　　　　　合法行为: 합법적인 행위

合算 hésuàn　　　　　　　형 수지가 맞다

从长远来看，买房比租房更合算。
장기적으로 보면, 집을 사는 것은 집을 임대하는 것보다 수지가 맞다.

암기포인트　1. 合: 부합하다 + 算: 계산하다
　　　　　　2. 合算은 장사나 사업 등에서 이익이 남는다는 의미이다.
　　　　　　　合算的生意: 수지가 맞는 장사

---

094 含糊 : 模糊

含糊 hánhu 　　　　　　　　　　형 모호하다, 애매하다

他说得很含糊，真是令人费解。
그는 모호하게 말해서, 참으로 사람들이 이해하기 어렵게 한다.

> 암기포인트 1. 含: 입에 머금다 + 糊: 대충 얼버무리다
> 2. 含糊는 말 또는 나타내는 뜻이 분명하지 않아서 이해하기 힘듦을 나타낸다.
> 含糊的回答: 애매한 대답

模糊 móhu 　　　　　　　　　　형 희미하다, 모호하다

她在草堆附近看到了几个模糊的脚印。
그녀는 풀더미 부근에서 희미한 발자국 몇 개를 봤다.

> 암기포인트 1. 模: 표준 + 糊: 대충 얼버무리다
> 2. 模糊는 대상의 모습이나 기억, 인상 등이 명확하지 않음을 나타낸다.
> 模糊的印象: 모호한 인상

096 密集 : 严密

密集 mìjí 　　　　　　　　　　형 빽빽하다, 밀집하다

我在密集的人群中看到了他高大的背影。
나는 빽빽한 인파 속에서 그의 키가 크고 건장한 뒷모습을 봤다.

> 암기포인트 1. 密: 조밀하다 + 集: 모이다, 모으다
> 2. 密集는 빈틈없이 빽빽하게 모인다는 의미이다.
> 人口密集: 인구가 밀집하다

严密 yánmì 　　　　　　　　　　형 빈틈없다

这篇文章的特点是主题突出、结构严密。
이 글의 특징은 주제가 두드러지고, 구성이 빈틈없다는 것이다.

> 암기포인트 1. 严: 빈틈없다 + 密: 조밀하다
> 2. 严密는 사물 간의 결합이 긴밀해 비어 있는 사이가 없다는 의미이다.
> 逻辑严密: 논리가 빈틈없다

098 坚强 : 强大

坚强 jiānqiáng 　　　　　　　　　　형 굳세다

那个音乐家以坚强的毅力克服了重重困难。
그 음악가는 굳센 끈기로 거듭되는 어려움을 극복했다.

> 암기포인트 1. 坚: 견고하다 + 强: 강하다
> 2. 坚强은 조직이나 의지 등이 굳고 세다는 의미이다.
> 坚强的意志: 굳센 의지

强大 qiángdà 　　　　　　　　　　형 강력하다, 막강하다

汉武帝使汉朝成为当时世界上最强大的国家。
한무제는 한나라가 당시 세계에서 가장 강력한 국가가 되게 했다.

> 암기포인트 1. 强: 강하다 + 大: 크다
> 2. 强大는 힘이나 실력, 영향 등이 강하다는 의미이다.
> 强大的实力: 막강한 실력

095 精密 : 精致

精密 jīngmì 　　　　　　　　　　형 정밀하다

他从国外引进了几台精密的设备。
그는 국외에서 정밀한 설비 몇 대를 들여왔다.

> 암기포인트 1. 精: 정밀하다 + 密: 조밀하다
> 2. 精密는 오차가 매우 적다는 의미이다.
> 精密的仪器: 정밀한 측정 기구

精致 jīngzhì 　　　　　　　　　　형 정교하다

这把茶壶上刻有精致的花纹。
이 찻주전자 위에는 정교한 무늬가 새겨져 있다.

> 암기포인트 1. 精: 정밀하다 + 致: 세밀하다
> 2. 精致는 솜씨나 기술 등이 뛰어나다는 의미이다.
> 精致的工艺品: 정교한 공예품

097 明确 : 英明

明确 míngquè 　　　　　　　　　　형 명확하다

在人事调动问题上，她还没有表示明确的态度。
인사이동 문제에서, 그녀는 아직 명확한 태도를 보이지 않았다.

> 암기포인트 1. 明: 명백하다, 안목이 뛰어나다 + 确: 확실하다
> 2. 明确는 태도나 요구 등이 확실함을 나타낸다.
> 明确的目的: 명확한 목적

英明 yīngmíng 　　　　　　　　　　형 현명하다

李总是一位非常英明、果断、干练的领导。
이 사장은 매우 현명하고, 과감하며, 유능하고 노련한 상사다.

> 암기포인트 1. 英: 재능이 뛰어나다 + 明: 안목이 뛰어나다, 명백하다
> 2. 英明은 사람이 뛰어나게 지혜롭고 총명함을 나타낸다.
> 英明的决策: 현명한 결단

099 勤奋 : 勤俭

勤奋 qínfèn 　　　　　　　　　　형 꾸준히 노력하다

经理对他勤奋上进的精神给予了高度评价。
지배인은 그의 꾸준히 노력하고 발전하려 하는 정신에 높은 평가를 줬다.

> 암기포인트 1. 勤: 부지런하다 + 奋: 분발하다
> 2. 勤奋은 학습, 업무 등에 분발해 한결같이 부지런하다는 의미이다.
> 勤奋学习: 꾸준히 노력해 학습하다

勤俭 qínjiǎn 　　　　　　　　　　형 근검하다, 부지런하고 알뜰하다

他一向勤俭节约，把家里安排得井井有条。
그는 항상 근검절약하며, 집안을 질서정연하게 정돈한다.

> 암기포인트 1. 勤: 부지런하다 + 俭: 검소하다
> 2. 勤俭은 사람이 근면하고 검소하다는 의미이다.
> 勤俭持家: 부지런하고 알뜰하게 살림하다

100 盎然：哄然

盎然 àngrán　　　　　　　[형] 넘쳐나다, 완연하다

这座小城如今变得生机盎然。
이 작은 도시는 오늘날 생기가 넘쳐나게 됐다.

(암기포인트) 1. 盎: 가득하다, 충만하다 + 然: ~한 모양
2. 盎然은 기분이나 흥미 등이 넘쳐흐르는 모양을 나타낸다.
春意盎然: 봄기운이 완연하다

哄然 hōngrán　　　　　　[형] 왁자지껄하다, 떠들썩하다

那个喜剧演员滑稽的表演使全场观众哄然大笑。
그 희극 배우의 익살맞은 연기는 온 관객을 왁자지껄 웃게 했다.

(암기포인트) 1. 哄: 떠들썩거리다 + 然: ~한 모양
2. 哄然은 여럿이 동시에 와하고 떠드는 모양을 나타낸다.
舆论哄然: 여론이 떠들썩하다

102 酷热：燥热

酷热 kùrè　　　　　　　　[형] 매우 덥다

他们打算在北方城市度过酷热的夏天。
그들은 북방 도시에서 매우 더운 여름을 보내려고 한다.

(암기포인트) 1. 酷: 매우 + 热: 덥다
2. 酷热는 날씨의 온도가 매우 높음을 나타낸다.
天气酷热: 날씨가 매우 덥다

燥热 zàorè　　　　　　　　[형] 건조하고 덥다

走出机场，她感受到了夏天燥热的空气。
공항을 걸어 나와, 그녀는 여름의 건조하고 더운 공기를 느꼈다.

(암기포인트) 1. 燥: 건조하다 + 热: 덥다
2. 燥热는 날씨가 바짝 말라서 습기가 없고 온도가 높음을 나타낸다.
燥热的风: 건조하고 더운 바람

104 深奥：深沉

深奥 shēn'ào　　　　　　[형] 심오하다

对一般人而言，伦理学是一门深奥的学问。
일반인에게 있어서, 윤리학은 심오한 학문이다.

(암기포인트) 1. 深: 깊다 + 奥: 오묘하다
2. 深奥는 학문이나 이론 등이 깊이가 있고 오묘함을 나타낸다.
深奥的道理: 심오한 이치

深沉 shēnchén　　　　　　[형] 깊다

这部电影触动了人们最深沉的情感。
이 영화는 사람들의 가장 깊은 감정을 건드렸다.

(암기포인트) 1. 深: 깊다 + 沉: 심하다
2. 深沉은 상태나 정도가 심함을 나타낸다.
深沉的爱: 깊은 사랑

101 必然：显然

必然 bìrán　　　　　　　　[형] 필연적이다

人工智能的应用是未来发展的必然趋势。
인공지능의 활용은 미래 발전의 필연적인 추세이다.

(암기포인트) 1. 必: 반드시 + 然: ~하다
2. 必然은 사물의 관련이나 일의 결과가 반드시 그렇게 될 것이라는 의미이다.
必然的结果: 필연적인 결과

显然 xiǎnrán　　　　　　　[형] 분명하다, 명백하다

我们不能安于现状、停滞不前，这是很显然的道理。
우리는 현재 상황에 안주하고, 정체돼 앞으로 나가지 못하면 안 된다. 이것은 분명한 이치다.

(암기포인트) 1. 显: 분명하다 + 然: ~하다
2. 显然은 상황이나 이치를 파악하기 매우 쉽다는 의미이다.
问题很显然: 문제가 명백하다

103 亲热：热烈

亲热 qīnrè　　　　　　　　[형] 친근하다

老奶奶很亲热地跟我们打了招呼。
할머니는 친근하게 우리에게 인사를 했다.

(암기포인트) 1. 亲: 친하다 + 热: 정이 깊다, 열렬하다
2. 亲热는 사람의 태도가 아주 가깝고 다정함을 나타낸다.
亲热的称呼: 친근한 호칭

热烈 rèliè　　　　　　　　[형] 열렬하다

几位电影工作者就这个问题进行了热烈的讨论。
영화 종사자 몇 명은 이 문제에 대해 열렬한 토론을 진행했다.

(암기포인트) 1. 热: 정이 깊다, 열렬하다 + 烈: 강렬하다
2. 热烈는 어떤 것에 대한 애정이나 태도가 매우 맹렬함을 나타낸다.
热烈的掌声: 열렬한 박수

105 神秘：神奇

神秘 shénmì　　　　　　　[형] 신비하다

神秘的喀纳斯湖位于新疆北部，被誉为"人间仙境"。
신비한 카나쓰 호수는 신장 북부에 위치해 있으며, '인간 세상의 선경'으로 칭송받는다.

(암기포인트) 1. 神: 기이하다 + 秘: 진귀하다
2. 神秘는 보통의 이론이나 상식으로 짐작하기 어려움을 나타낸다.
神秘的色彩: 신비한 색채

神奇 shénqí　　　　　　　[형] 신기하다

考古学家在那座古墓中发掘出了许多神奇的东西。
고고학자는 그 고분에서 많은 신기한 물건을 발굴해냈다.

(암기포인트) 1. 神: 기이하다 + 奇: 특별하다
2. 神奇는 매우 기묘하고 색다름을 나타낸다.
神奇的世界: 신기한 세계

106 昌盛 : 丰盛

昌盛 chāngshèng 　　　　　형 번성하다, 흥성하다

宋朝是中国历史上经济发达、文化昌盛的朝代。
송나라는 중국 역사상 경제가 발달하고, 문화가 번성한 시기였다.

(암기포인트) 1. 昌: 번영하다 + 盛: 흥성하다, 성대하다
2. 昌盛은 국가나 민족 등이 번창함을 나타낸다.
国家昌盛: 국가가 흥성하다

丰盛 fēngshèng 　　　　　형 풍성하다, 성대하다

老王特意为客人准备了一桌丰盛的酒菜。
라오왕은 특별히 손님을 위해 풍성한 술과 안주 한 상을 준비했다.

(암기포인트) 1. 丰: 풍부하다 + 盛: 성대하다, 흥성하다
2. 丰盛은 음식이나 요리 등이 넉넉하고 많음을 나타낸다.
丰盛的晚餐: 성대한 저녁 식사

108 妥当 : 妥善

妥当 tuǒdàng 　　　　　형 타당하다

你放心吧，我把一切手续都办妥当了。
당신은 마음 놓으세요. 제가 모든 절차를 다 타당하게 처리했습니다.

(암기포인트) 1. 妥: 적절하다 + 当: 적당하다
2. 妥当은 일의 이치로 봐 옳다는 의미이다.
用词妥当: 어휘 사용이 타당하다

妥善 tuǒshàn 　　　　　형 적절하다

他不负众望，妥善处理了那件很棘手的事。
그는 많은 사람의 기대를 저버리지 않고, 곤란한 그 일을 적절하게 처리했다.

(암기포인트) 1. 妥: 적절하다 + 善: 우호적이다
2. 妥善은 정도나 기준에 꼭 알맞다는 의미이다.
妥善的办法: 적절한 방법

110 无私 : 无知

无私 wúsī 　　　　　형 사심이 없다

父母给予了我们家庭的温暖和无私的关爱。
부모님께서는 우리에게 가정의 따뜻함과 사심이 없는 관심과 사랑을 주셨다.

(암기포인트) 1. 无: 없다 + 私: 사심, 이기심
2. 无私는 사사로운 마음이나 자기 욕심을 채우려는 마음이 없다는 의미이다.
无私的帮助: 사심이 없는 도움

无知 wúzhī 　　　　　형 무지하다

无知的他成为了不法行为的受害者。
무지한 그는 불법 행위의 피해자가 됐다.

(암기포인트) 1. 无: 없다 + 知: 지식
2. 无知는 사람이 어떤 분야에 아는 것이나 지식이 없다는 의미이다.
无知的青年: 무지한 청년

107 结实 : 扎实

结实 jiēshi 　　　　　형 튼튼하다, 건장하다

他盖的新房子看起来很结实。
그가 지은 새집은 보기에 튼튼하다.

(암기포인트) 1. 结: 맺다 + 实: 충실하다
2. 结实은 사람의 신체나 물체가 단단하고 굳셈을 나타낸다.
身体结实: 몸이 건장하다

扎实 zhāshi 　　　　　형 견고하다, 착실하다

把行李捆扎实了，然后把它们装上卡车。
짐을 견고하게 묶은 후, 그것들을 트럭에 실으세요.

(암기포인트) 1. 扎: 뿌리를 내리다 + 实: 충실하다
2. 扎实은 학문이나 일 등의 기초가 견고함을 나타낸다.
扎实的作风: 착실한 태도

109 温暖 : 温柔

温暖 wēnnuǎn 　　　　　형 따뜻하다

人们纷纷走出家门，享受午后温暖的阳光。
사람들은 잇달아 집 문을 걸어 나가서, 오후의 따뜻한 햇볕을 즐겼다.

(암기포인트) 1. 温: 따뜻하다 + 暖: 온화하다
2. 温暖은 기후, 사물, 환경 등이 따스함을 나타낸다.
温暖的天气: 따뜻한 날씨

温柔 wēnróu 　　　　　형 다정하다, 따뜻하고 상냥하다

他用温柔的语气说了许多动听的话。
그는 다정한 말투로 많은 감동적인 말을 했다.

(암기포인트) 1. 温: 따뜻하다 + 柔: 부드럽다
2. 温柔는 성격이나 태도 등이 부드럽고 상냥함을 나타낸다.
性格温柔: 성격이 따뜻하고 상냥하다

111 逼真 : 真实

逼真 bīzhēn 　　　　　형 마치 진짜와 같다

那个作家把敌人狼狈的情形描绘得很逼真。
그 작가는 적이 궁지에 몰려있는 상황을 마치 진짜와 같이 그려냈다.

(암기포인트) 1. 逼: 접근하다 + 真: 실물, 진실하다
2. 逼真은 실물과 아주 비슷하다는 의미이다.
形象逼真: 형상이 마치 진짜와 같다

真实 zhēnshí 　　　　　형 실제의, 진실한

该企业向消费者隐瞒了真实情况，因此受到了严惩。
해당 기업은 소비자에게 실제 상황을 속였기 때문에, 엄중한 처벌을 받았다.

(암기포인트) 1. 真: 진실하다, 실물 + 实: 진실하다
2. 真实은 사실이나 마음에 거짓이 없이 순수하고 바르다는 의미이다.
真实的故事: 진실한 이야기

부사/접속사

유의어_4_부사-접속사

112 势必 : 务必

势必 shìbì 부 반드시, 꼭

如果长期熬夜，人体免疫力势必下降。
만약 장기간 밤을 새우면, 인체의 면역력이 반드시 저하된다.

암기포인트 1. 势: 형세 + 必: 반드시
2. 势必는 현재 상황을 봤을 때, 어떤 결과가 분명히 나올 것이라는 추측을 나타낸다.
势必中断: 꼭 중단될 것이다

务必 wùbì 부 반드시, 기필코

母亲告诉我务必把信件亲手交给奶奶。
어머니께서는 나에게 반드시 우편물을 손수 할머니께 건네주라고 말씀하셨다.

암기포인트 1. 务: 필히 + 必: 반드시
2. 务必는 부탁한 일을 기필코 끝내달라는 요구를 할 때 사용한다.
务必回来: 기필코 돌아오다

113 大抵 : 大约

大抵 dàdǐ 부 대개, 대체로

中午来这里吃饭的大抵都是学生。
점심에 여기에 와서 밥을 먹는 사람들은 대개 모두 학생들이다.

암기포인트 1. 大: 크다 + 抵: 상당하다
2. 大抵는 일반적인 경우를 나타낸다.
大抵如此: 대체로 이렇다

大约 dàyuē 부 대략

据统计，北京大约有1.6万辆公交车。
통계에 따르면, 베이징은 대략 1.6만 대 버스가 있다.

암기포인트 1. 大: 크다 + 约: 약, 대략
2. 大约는 대충 어림잡은 추정치를 나타낸다.
大约有八岁: 대략 여덟 살 정도이다

114 历来 : 向来

历来 lìlái 부 대대로, 예로부터

他们家族历来重视培养读书的习惯。
그들 가족은 대대로 독서하는 습관을 기르는 것을 중시해왔다.

암기포인트 1. 历: 과거의 + 来: 과거부터 현재까지
2. 历来는 먼 과거부터 현재까지를 나타낸다.
历来主张: 예로부터 주장해오다

向来 xiànglái 부 줄곧

医疗行业向来强调职业道德的重要性。
의료 업계는 줄곧 직업 윤리의 중요성을 강조해왔다.

암기포인트 1. 向: 여태까지 + 来: 과거부터 현재까지
2. 向来는 어떤 상황이 계속해서 이어짐을 나타낸다.
向来反对: 줄곧 반대하다

115 仍然 : 依然

仍然 réngrán 부 변함없이, 아직도

这个民族仍然保留着独特的生活习惯。
이 민족은 변함없이 독특한 생활 습관을 보존하고 있다.

암기포인트 1. 仍: 그대로 따르다 + 然: ~하다
2. 仍然은 동작이나 대상이 계속 유지됨을 나타낸다.
仍然需要: 아직도 필요하다

依然 yīrán 부 여전히

直到现在，他依然不清楚那天到底发生了什么事。
지금까지, 그는 여전히 그날 도대체 무슨 일이 발생했는지 모른다.

암기포인트 1. 依: 전과 같다 + 然: ~하다
2. 依然은 과거와 비교했을 때 변함이 없음을 나타낸다.
依然如故: 여전히 옛날과 같다

116 首先 : 预先

首先 shǒuxiān 부 우선, 가장 먼저

新来的员工首先要接受一个月的培训。
새로 온 직원은 우선 한 달의 연수를 받아야 한다.

암기포인트 1. 首: 머리, 최초의 + 先: 앞
2. 首先은 순서가 가장 앞에 오는 것을 나타낸다.
首先处理: 가장 먼저 처리하다

预先 yùxiān 부 미리, 사전에

如果会议时间有变动，请预先通知大家。
만약 회의 시간에 변동이 있으면, 미리 모두에게 통지해주세요.

암기포인트 1. 预: 미리 + 先: 앞
2. 预先은 사건이 발생하기 전이나 진행되기 전을 나타내며, 뒤에 주로 동사가 온다.
预先体验: 사전에 체험하다

117 时而 : 往往

时而 shí'ér 부 때때로

今天的天气很奇怪，时而下雨，时而下雪。
오늘의 날씨는 이상하다. 때때로 비가 오고, 때때로 눈이 온다.

암기포인트 1. 时: 때, 시간 + 而: 그리고
2. 时而은 정해진 시간 없이 반복적으로 발생함을 나타낸다.
时而中断: 때때로 중단되다

往往 wǎngwǎng 부 종종

现实往往和我们期待的有所不同。
현실은 종종 우리가 기대한 것과 다르다.

암기포인트 1. 往: 이전의 + 往: 이전의
2. 往往은 어떤 상황이 자주 펼쳐지거나 발생함을 나타낸다.
往往出现: 종종 나타나다

118 愈加 : 逐步

愈加 yùjiā　　　　　　　　　　　[부] 더욱더

近几年，该地区缺水现象愈加严重，甚至出现了罕见的大旱灾。

최근 몇 년간, 해당 지역의 물 부족 현상이 더욱더 심각해졌고, 심지어 보기 드문 큰 가뭄이 발생했다.

(암기포인트) 1. 愈: 더욱 + 加: 더하다
　　　　　2. 愈加는 정도가 한층 더 심화하는 것을 나타낸다.
　　　　　　愈加不安: 더욱더 불안해지다

逐步 zhúbù　　　　　　　　　　[부] 단계적으로, 점차

总裁决定逐步提高员工的工资。

총재는 직원의 임금을 단계적으로 올리기로 결정했다.

(암기포인트) 1. 逐: 차례로 + 步: 걸음
　　　　　2. 逐步는 동작이나 행위를 의식적으로 발전시킴을 나타낸다.
　　　　　　逐步改善: 점차 개선하다

120 何况 : 尚且

何况 hékuàng　　　　[접] 말할 필요가 있겠는가, 더군다나

他本来就容易害羞，何况要在大家面前唱歌呢？

그는 원래 쉽게 수줍어하는데, 모두의 앞에서 노래를 불러야 하는 것은 말할 필요가 있겠는가?

(암기포인트) 1. 何: 무엇, 어느 + 况: 하물며
　　　　　2. 何况은 반문의 의미를 가지며, 뒤 구절의 첫머리에 사용된다.

尚且 shàngqiě　　　　　　　　　　[접] ~조차

简单的尚且做不好，复杂的就更不用说了。

간단한 것조차 제대로 하지 못한다면, 복잡한 것은 더 말할 필요도 없다.

(암기포인트) 1. 尚: 아직 + 且: 더욱이
　　　　　2. 尚且는 정도가 더욱 심한 사례를 들어 뜻을 한층 두드러지게 하는 의미를 가지며, 앞 구절에 사용된다.

119 因此 : 因而

因此 yīncǐ　　　　　　　[접] ~ 때문에, 이 때문에

该产品物美价廉，因此在市场上具有较强的竞争力。

해당 상품은 질이 좋고 값도 저렴하기 때문에, 시장에서 비교적 강한 경쟁력을 가진다.

(암기포인트) 1. 因: ~에 의거해 + 此: 이, 이것
　　　　　2. 因此는 앞서 언급한 내용을 가리키며, 동시에 사건의 결과도 나타낸다.

因而 yīn'ér　　　　　　　　　　　[접] 그래서

他们事先做好了准备，因而没有受到太多影响。

그들은 사전에 준비를 다 했고, 그래서 큰 영향을 받지 않았다.

(암기포인트) 1. 因: ~에 의거해 + 而: 그리고
　　　　　2. 因而은 단문을 연결하여 사건의 결과를 나타낸다.

121 如果 : 万一

如果 rúguǒ　　　　　　　　　　　[접] 만약

如果一切顺利，他的小说下个月就能出版。

만약 모든 것이 순조롭다면, 그의 소설은 다음 달에 출간할 수 있다.

(암기포인트) 1. 如: 만약 ~한다면 + 果: 혹시
　　　　　2. 如果는 일반적인 가정을 나타내며, 문장의 맨 처음이나 주어 뒤에서 사용한다.

万一 wànyī　　　　　　　　　　　[접] 만일

万一发生火灾，一定要从安全出口逃离。

만일 화재가 발생하면, 꼭 안전 출구로 도망쳐야 한다.

(암기포인트) 1. 万: 만 + 一: 일, 하나
　　　　　2. 万一는 가능성이 극히 낮거나, 의외의 상황을 가정할 때 사용한다.

✲ 양사 🎧 유의어_5_양사

---

122 次 : 回

次 cì   📖 번, 회

他去过图书馆很多次，但都没有见到小李。
그는 도서관에 여러 번 갔었는데도, 샤오리를 만나지 못했다.

(암기포인트) 次는 일의 차례나 횟수를 셀 때 사용한다
一次实验: 실험 한 회

回 huí   📖 차례, 회

经过几回商谈，两国终于达成了协议。
몇 차례의 협의를 거쳐, 양국은 드디어 합의를 이루었다.

(암기포인트) 回는 행위나 동작을 셀 때 사용한다.
参观一回: 한 회 참관하다

---

124 顿 : 阵

顿 dùn   📖 차례, 끼

他因为做错了事，回家后被妈妈骂了一顿。
그는 잘못을 했기 때문에, 집으로 가서 어머니께 한 차례 혼이 났다.

(암기포인트) 顿은 질책, 요리, 식사 등의 횟수를 셀 때 사용한다.
一顿饭: 밥 한 끼

阵 zhèn   📖 바탕, 차례

他下班回家的时候，突然感到肚子一阵剧痛。
그는 퇴근하고 집에 갈 때, 갑자기 배에 한바탕 극심한 통증을 느꼈다.

(암기포인트) 阵은 일이나 동작을 셀 때 사용하며, 잠깐 지속된다는 어조가 강하다.
一阵掌声: 박수 한 차례

---

123 堆 : 批

堆 duī   📖 더미, 무더기

小王回到办公室，发现桌子上放着一堆文件。
샤오왕은 사무실에 돌아와, 책상 위에 놓여 있는 서류 한 더미를 발견했다.

(암기포인트) 堆는 쌓아 놓은 물건이나 떼를 지어 있는 사람을 셀 때 사용하며, 쌓여 있다는 어조가 강하다.
一堆书: 책 한 무더기

批 pī   📖 묶음, 무더기

那个企业家给母校捐赠了几批儿童读物。
그 기업가는 모교에 어린이책 몇 묶음을 기부했다.

(암기포인트) 批는 대량의 물건이나 다수의 사람을 셀 때 사용하며, 양이 많다는 어조가 강하다.
一批货: 화물 한 무더기

---

125 朵 : 棵

朵 duǒ   📖 송이, 점

母亲节那天，我给妈妈送了一朵康乃馨作为节日礼物。
어머니 날에, 나는 엄마에게 카네이션 한 송이를 기념일 선물 삼아 드렸다.

(암기포인트) 朵는 꽃이나 구름 등을 셀 때 사용한다.
一朵云: 구름 한 점

棵 kē   📖 그루, 포기

他记得爷爷家门口有几棵苹果树。
그는 할아버지 댁 입구에 사과나무 몇 그루가 있었던 것을 기억한다.

(암기포인트) 棵는 식물을 셀 때 사용한다.
一棵白菜: 배추 한 포기

QUIZ

■ 각 유의어에 호응하는 어휘를 찾아 연결하세요.

01 产生 •　　　　• ⓐ 产品

02 生产 •　　　　• ⓑ 矛盾

03 凝聚 •　　　　• ⓐ 力量

04 凝固 •　　　　• 水泥 ⓑ

05 删除 •　　　　• ⓐ 压力

06 消除 •　　　　• ⓑ 短信

07 招收 •　　　　• ⓐ 资料

08 收集 •　　　　• ⓑ 学员

09 展开 •　　　　• ⓐ 才华

10 施展 •　　　　• ⓑ 调查

11 吸纳 •　　　　• ⓐ 人才

12 汲取 •　　　　• ⓑ 能量

13 破坏 •　　　　• ⓐ 电力

14 损耗 •　　　　• ⓑ 规矩

15 记性 •　　　　• ⓐ 不好

16 记忆 •　　　　• 留下 ⓑ

17 字幕 •　　　　• 电影 ⓐ

18 内幕 •　　　　• 揭露 ⓑ

19 分量 •　　　　• ⓐ 庞大

20 数量 •　　　　• ⓑ 极重

21 情绪 ·	· 负面 ⓐ	31 热烈 ·	· ⓐ 的掌声
22 情谊 ·	· 兄弟 ⓑ	32 亲热 ·	· ⓑ 的称呼
23 样式 ·	· 采集 ⓐ	33 勤奋 ·	· ⓐ 学习
24 样品 ·	· 建筑 ⓑ	34 勤俭 ·	· ⓑ 持家
25 机能 ·	· 身体 ⓐ	35 密集 ·	· 人口 ⓐ
26 职能 ·	· 政府 ⓑ	36 严密 ·	· 逻辑 ⓑ
27 可观 ·	· 利润 ⓐ	37 逐步 ·	· ⓐ 不安
28 宏观 ·	· ⓑ 视角	38 愈加 ·	· ⓑ 改善
29 公平 ·	· 价格 ⓐ	39 阵 ·	· 一 ⓐ 饭
30 公道 ·	· 机会 ⓑ	40 顿 ·	· 一 ⓑ 掌声

해커스 HSK 6급 고득점 대비 핵심어휘집

정답									
21 ⓐ	22 ⓑ	23 ⓑ	24 ⓐ	25 ⓐ	26 ⓑ	27 ⓐ	28 ⓑ	29 ⓑ	30 ⓐ
31 ⓐ	32 ⓑ	33 ⓐ	34 ⓑ	35 ⓐ	36 ⓑ	37 ⓑ	38 ⓐ	39 ⓑ	40 ⓐ

독해 제2부분에 특히 도움이 되는 빈출 어휘를 호응어휘와 함께 반드시 암기한다.

✽ 동사 🎧 빈출 어휘_1_동사

☑ 잘 외워지지 않는 표현은 박스에 체크하며 복습하세요.

☐ 001	安装	ānzhuāng 동 고정시키다, 설치하다	安装传感器 ānzhuāng chuángǎnqì 센서를 고정시키다
☐ 002	包含	bāohán 동 포함하다	包含所有内容 bāohán suǒyǒu nèiróng 모든 내용을 포함하다
☐ 003	保持	bǎochí 동 유지하다	保持增长 bǎochí zēngzhǎng 성장을 유지하다
☐ 004	迸发	bèngfā 동 분출하다	迸发能量 bèngfā néngliàng 에너지를 분출하다
☐ 005	表决	biǎojué 동 표결하다	举手表决 jǔ shǒu biǎojué 손을 들어 표결하다
☐ 006	不顾	búgù 동 아랑곳하지 않다	不顾劝阻 búgù quànzǔ 만류에도 아랑곳하지 않다
☐ 007	操纵	cāozòng 동 조종하다	操纵机器 cāozòng jīqì 기계를 조종하다
☐ 008	重复	chóngfù 동 반복하다, 중복하다	重复练习 chóngfù liànxí 연습을 반복하다
☐ 009	储存	chǔcún 동 보관하다, 저장하다	储存资料 chǔcún zīliào 자료를 보관하다
☐ 010	创建	chuàngjiàn 동 창립하다	创建公司 chuàngjiàn gōngsī 회사를 창립하다
☐ 011	怠慢	dàimàn 동 소홀히 하다	不敢怠慢 bùgǎn dàimàn 감히 소홀히 하지 못하다
☐ 012	导致	dǎozhì 동 ~을 초래하다	导致死亡 dǎozhì sǐwáng 사망을 초래하다
☐ 013	兑现	duìxiàn 동 (약속·정책 등을) 이행하다, 현금으로 바꾸다	兑现承诺 duìxiàn chéngnuò 약속을 이행하다
☐ 014	恶化	èhuà 동 악화되다	状况恶化 zhuàngkuàng èhuà 상태가 악화되다
☐ 015	反问	fǎnwèn 동 반문하다	故意反问 gùyì fǎnwèn 일부러 반문하다
☐ 016	反映	fǎnyìng 동 반영하다	反映现实 fǎnyìng xiànshí 현실을 반영하다
☐ 017	防治	fángzhì 동 예방 치료하다	防治疾病 fángzhì jíbìng 질병을 예방 치료하다
☐ 018	飞行	fēixíng 동 비행하다	长途飞行 chángtú fēixíng 장거리를 비행하다

019	封锁	fēngsuǒ ⑧ 봉쇄하다	封锁**边境** fēngsuǒ biānjìng 국경을 봉쇄하다
020	抚摸	fǔmō ⑧ 어루만지다, 쓰다듬다	抚摸**伤口** fǔmō shāngkǒu 상처를 어루만지다
021	关怀	guānhuái ⑧ 보살피다, 배려하다	关怀**他人** guānhuái tārén 타인을 보살피다
022	挥霍	huīhuò ⑧ 돈을 헤프게 쓰다	**大肆**挥霍 dàsì huīhuò 함부로 돈을 헤프게 쓰다
023	戒备	jièbèi ⑧ 경계하다	**时刻**戒备 shíkè jièbèi 항상 경계하다
024	警告	jǐnggào ⑧ 경고하다	警告**敌人** jǐnggào dírén 적에게 경고하다
025	纠正	jiūzhèng ⑧ 바로잡다, 교정하다	纠正**错误** jiūzhèng cuòwù 잘못을 바로잡다
026	开放	kāifàng ⑧ 개방하다	**对外**开放 duìwài kāifàng 외부에 개방하다
027	力求	lìqiú ⑧ 힘써 추구하다	力求**完美** lìqiú wánměi 완벽함을 힘써 추구하다
028	力争	lìzhēng ⑧ 힘쓰다, 매우 노력하다	力争**夺冠** lìzhēng duóguàn 우승을 쟁취하고자 힘쓰다
029	临床	línchuáng ⑧ 임상하다	临床**治疗** línchuáng zhìliáo 임상 치료하다
030	流露	liúlù ⑧ 표출하다	流露**感情** liúlù gǎnqíng 감정을 표출하다
031	模仿	mófǎng ⑧ 모방하다	模仿**古人** mófǎng gǔrén 옛사람을 모방하다
032	谋求	móuqiú ⑧ 모색하다, 강구하다	谋求**利益** móuqiú lìyì 이익을 모색하다
033	目睹	mùdǔ ⑧ 목격하다, 직접 보다	目睹**现场** mùdǔ xiànchǎng 현장을 목격하다
034	培养	péiyǎng ⑧ 기르다, 배양하다	培养**思考能力** péiyǎng sīkǎo nénglì 사고 능력을 기르다
035	拼搏	pīnbó ⑧ 끝까지 분투하다	**奋力**拼搏 fènlì pīnbó 전력을 다해 끝까지 분투하다
036	掐	qiā ⑧ 꺾다	掐**柳叶** qiā liǔyè 버들잎을 꺾다

□ 037	权衡	quánhéng 图 따지다	权衡利弊 quánhéng lìbì 좋은 점과 나쁜 점을 따지다
□ 038	劝诫	quànjiè 图 타이르다	劝诫人们 quànjiè rénmen 사람들을 타이르다
□ 039	散布	sànbù 图 퍼뜨리다	散布谣言 sànbù yáoyán 유언비어를 퍼뜨리다
□ 040	上进	shàngjìn 图 발전하다, 향상하다	不断上进 búduàn shàngjìn 끊임없이 발전하다
□ 041	上瘾	shàngyǐn 图 중독되다	容易上瘾 róngyì shàngyǐn 쉽게 중독되다
□ 042	渗透	shèntòu 图 침투하다	快速渗透 kuàisù shèntòu 빠르게 침투하다
□ 043	生效	shēngxiào 图 효력이 발생하다	正式生效 zhèngshì shēngxiào 정식으로 효력이 발생하다
□ 044	生长	shēngzhǎng 图 자라다	不停生长 bùtíng shēngzhǎng 끊임없이 자라다
□ 045	盛传	shèngchuán 图 널리 알려지다	盛传一时 shèngchuán yìshí 한동안 널리 알려지다
□ 046	盛行	shèngxíng 图 유행하다, 널리 알려지다	一度盛行 yídù shèngxíng 한때 유행하다
□ 047	实现	shíxiàn 图 실현하다	实现理想 shíxiàn lǐxiǎng 이상을 실현하다
□ 048	受损	shòusǔn 图 손상되다	名誉受损 míngyù shòusǔn 명예가 손상되다
□ 049	授予	shòuyǔ 图 (상장·명예·학위 등을) 수여하다	授予证书 shòuyǔ zhèngshū 증서를 수여하다
□ 050	锁定	suǒdìng 图 확정짓다, 굳히다	锁定目标 suǒdìng mùbiāo 목표를 확정짓다
□ 051	陶醉	táozuì 图 도취하다	令人陶醉 lìng rén táozuì 사람을 도취시키다
□ 052	调和	tiáohé 图 조정하다, 중재하다	调和矛盾 tiáohé máodùn 갈등을 조정하다
□ 053	停滞	tíngzhì 图 정체되다	生产停滞 shēngchǎn tíngzhì 생산이 정체되다
□ 054	投入	tóurù 图 몰두하다, 뛰어들다	全身心地投入 quánshēnxīn de tóurù 전심전력으로 몰두하다

☐ 055	违背	wéibèi [동] 어기다, 위배하다	违背道德 wéibèi dàodé 도덕을 어기다
☐ 056	熄灭	xīmiè [동] (불이) 꺼지다, (불을) 끄다	电灯熄灭 diàndēng xīmiè 전등이 꺼지다
☐ 057	许可	xǔkě [동] 허가하다	得到许可 dédào xǔkě 허가를 얻다
☐ 058	削弱	xuēruò [동] 약화시키다	削弱力量 xuēruò lìliàng 역량을 약화시키다
☐ 059	意料	yìliào [동] 예상하다	意料之中 yìliào zhī zhōng 예상한 것이다
☐ 060	糟蹋	zāotà [동] 낭비하다, 파괴하다	糟蹋粮食 zāotà liángshi 식량을 낭비하다
☐ 061	展望	zhǎnwàng [동] 전망하다	展望未来 zhǎnwàng wèilái 미래를 전망하다
☐ 062	占领	zhànlǐng [동] 점령하다	占领先机 zhànlǐng xiānjī 우위를 점령하다
☐ 063	遮挡	zhēdǎng [동] 막다	遮挡风雨 zhēdǎng fēngyǔ 비바람을 막다
☐ 064	征收	zhēngshōu [동] 징수하다	征收税款 zhēngshōu shuìkuǎn 세금을 징수하다
☐ 065	争执	zhēngzhí [동] 논쟁하다	争执不下 zhēngzhí búxià 열띠게 논쟁하다
☐ 066	转折	zhuǎnzhé [동] 전환하다	发生转折 fāshēng zhuǎnzhé 전환이 발생하다
☐ 067	综合	zōnghé [동] 종합하다	综合多项优点 zōnghé duō xiàng yōudiǎn 여러 장점을 종합하다
☐ 068	揍	zòu [동] 때리다	揍人 zòu rén 사람을 때리다

✳ 명사 🎧 빈출 어휘_2_명사

☑ 잘 외워지지 않는 표현은 박스에 체크하며 복습하세요.

☐ 069	标记	biāojì 몡 표기	做标记 zuò biāojì 표기를 하다
☐ 070	成败	chéngbài 몡 성패, 성공과 실패	决定成败 juédìng chéngbài 성패를 결정하다
☐ 071	典礼	diǎnlǐ 몡 (성대한) 식, 의식	毕业典礼 bìyè diǎnlǐ 졸업식
☐ 072	废墟	fèixū 몡 폐허	战争的废墟 zhànzhēng de fèixū 전쟁의 폐허
☐ 073	感情	gǎnqíng 몡 감정	纯洁的感情 chúnjié de gǎnqíng 순수한 감정
☐ 074	工艺	gōngyì 몡 (가공) 기술, 공예	制作工艺 zhìzuò gōngyì 제조 기술
☐ 075	过失	guòshī 몡 과실	行政过失 xíngzhèng guòshī 행정 과실
☐ 076	机会	jīhuì 몡 기회	丧失机会 sàngshī jīhuì 기회를 상실하다
☐ 077	机密	jīmì 몡 기밀	国家机密 guójiā jīmì 국가 기밀
☐ 078	价值	jiàzhí 몡 가치	营养价值 yíngyǎng jiàzhí 영양 가치
☐ 079	结晶	jiéjīng 몡 결정체	智慧的结晶 zhìhuì de jiéjīng 지혜의 결정체
☐ 080	局面	júmiàn 몡 국면	扭转局面 niǔzhuǎn júmiàn 국면을 전환하다
☐ 081	立场	lìchǎng 몡 입장	立场坚定 lìchǎng jiāndìng 입장이 확고하다
☐ 082	美称	měichēng 몡 좋은 평판	享有美称 xiǎngyǒu měichēng 좋은 평판을 누리다
☐ 083	面积	miànjī 몡 면적	扩大面积 kuòdà miànjī 면적을 확대하다
☐ 084	时光	shíguāng 몡 시절, 시간	美好时光 měihǎo shíguāng 아름다운 시절
☐ 085	实质	shízhì 몡 실질, 본질	实质问题 shízhì wèntí 실질적인 문제
☐ 086	思想	sīxiǎng 몡 사상, 의사	哲学思想 zhéxué sīxiǎng 철학 사상

☐ 087	特征	tèzhēng 몡 특징	显著特征 xiǎnzhù tèzhēng 두드러진 특징
☐ 088	妄想	wàngxiǎng 몡 망상	愚蠢的妄想 yúchǔn de wàngxiǎng 어리석은 망상
☐ 089	文献	wénxiàn 몡 문헌	文献资料 wénxiàn zīliào 문헌 자료
☐ 090	夕阳	xīyáng 몡 석양	火红的夕阳 huǒhóng de xīyáng 새빨간 석양
☐ 091	香味	xiāngwèi 몡 향기, 향	浓烈的香味 nóngliè de xiāngwèi 짙은 향기
☐ 092	宴会	yànhuì 몡 연회, 축하연	出席宴会 chūxí yànhuì 연회에 참석하다
☐ 093	养分	yǎngfèn 몡 영양분	汲取养分 jíqǔ yǎngfèn 영양분을 흡수하다
☐ 094	遗产	yíchǎn 몡 유산	非物质文化遗产 fēiwùzhì wénhuà yíchǎn 무형문화유산
☐ 095	支出	zhīchū 몡 지출	财政支出 cáizhèng zhīchū 재정 지출
☐ 096	志气	zhìqì 몡 패기, 기개	志气不足 zhìqì bùzú 패기가 부족하다
☐ 097	重量	zhòngliàng 몡 무게	身体的重量 shēntǐ de zhòngliàng 몸의 무게
☐ 098	装备	zhuāngbèi 몡 장비	保护装备 bǎohù zhuāngbèi 보호 장비
☐ 099	滋味	zīwèi 몡 느낌, 맛	幸福的滋味 xìngfú de zīwèi 행복의 느낌
☐ 100	宗教	zōngjiào 몡 종교	宗教信仰 zōngjiào xìnyǎng 종교 신앙

✱ 형용사 🎧 빈출 어휘_3_형용사

☑ 잘 외워지지 않는 표현은 박스에 체크하며 복습하세요.

☐ 101	不然	bùrán 혱 그렇지 않다	其实**不然** qíshí bùrán 사실은 그렇지 않다
☐ 102	充沛	chōngpèi 혱 왕성하다, 풍족하다	精力**充沛** jīnglì chōngpèi 기운이 왕성하다
☐ 103	稠密	chóumì 혱 밀집하다	人口**稠密** rénkǒu chóumì 인구가 밀집하다
☐ 104	初步	chūbù 혱 초보적인	**初步**阶段 chūbù jiēduàn 초보적인 단계
☐ 105	纯真	chúnzhēn 혱 순결하고 진실되다	**纯真**的感情 chúnzhēn de gǎnqíng 순결하고 진실된 감정
☐ 106	罕见	hǎnjiàn 혱 (보기) 드물다	人迹**罕见** rénjì hǎnjiàn 인적이 드물다
☐ 107	合理	hélǐ 혱 합리적이다	安排**合理** ānpái hélǐ 배치가 합리적이다
☐ 108	和睦	hémù 혱 화목하다	家庭**和睦** jiātíng hémù 가정이 화목하다
☐ 109	模范	mófàn 혱 모범적이다	**模范**作用 mófàn zuòyòng 모범적인 역할
☐ 110	片断	piànduàn 혱 단편적이다	**片断**经验 piànduàn jīngyàn 단편적인 경험
☐ 111	任性	rènxìng 혱 제멋대로다	性格**任性** xìnggé rènxìng 성격이 제멋대로다
☐ 112	深层	shēncéng 혱 심층의, 더욱 진일보한	**深层**分析 shēncéng fēnxī 심층 분석
☐ 113	所谓	suǒwèi 혱 이른바, 소위	**所谓**"友谊" suǒwèi "yǒuyì" 이른바 '우정'이란
☐ 114	天然	tiānrán 혱 천연의, 자연의	**天然**饮用水 tiānrán yǐnyòngshuǐ 천연 식수
☐ 115	无偿	wúcháng 혱 무상의	**无偿**的服务 wúcháng de fúwù 무상의 서비스
☐ 116	辛勤	xīnqín 혱 부지런하다	**辛勤**努力 xīnqín nǔlì 부지런히 노력하다
☐ 117	油腻	yóunì 혱 기름지다	**油腻**食物 yóunì shíwù 기름진 음식
☐ 118	崭新	zhǎnxīn 혱 새롭다	**崭新**的一页 zhǎnxīn de yí yè 새로운 한 페이지

❄ 양사/부사/접속사 🎧 빈출 어휘_4_양사-부사-접속사

☑ 잘 외워지지 않는 표현은 박스에 체크하며 복습하세요.

□ 119	顶	dǐng 양 채[꼭대기가 있는 물건을 세는 단위]	一顶帐篷 yì dǐng zhàngpeng 텐트 한 채
□ 120	幅	fú 양 점[그림·옷감 등을 세는 단위]	一幅作品 yì fú zuòpǐn 작품 한 점
□ 121	届	jiè 양 회[정기 회의·졸업 연차 등을 세는 단위]	第七十二届世界卫生大会 Dìqīshí'èr jiè Shìjiè wèishēng dàhuì 제72회 세계보건총회
□ 122	不断	búduàn 부 끊임없이	不断钻研 búduàn zuānyán 끊임없이 깊이 연구하다
□ 123	不免	bùmiǎn 부 피할 수 없다, 면할 수 없다	不免想起 bùmiǎn xiǎngqi 생각나는 것을 피할 수 없다
□ 124	曾经	céngjīng 부 일찍이, 이전에	曾经成功过 céngjīng chénggōngguo 일찍이 성공했었다
□ 125	大肆	dàsì 부 함부로, 마구	大肆破坏 dàsì pòhuài 함부로 파괴하다
□ 126	的确	díquè 부 확실히	的确不同 díquè bùtóng 확실히 다르다
□ 127	果然	guǒrán 부 역시나	果然名不虚传 guǒrán míngbùxūchuán 역시나 명불허전이다
□ 128	及早	jízǎo 부 빨리, 일찌감치	及早就医 jízǎo jiùyī 빨리 진찰을 받다
□ 129	屡次	lǚcì 부 여러 차례	屡次创造纪录 lǚcì chuàngzào jìlù 여러 차례 최고 기록을 세우다
□ 130	颇	pō 부 상당히	颇为惬意 pō wéi qièyì 상당히 흡족하다
□ 131	一旦	yídàn 부 일단 ~하면	一旦开始 yídàn kāishǐ 일단 시작하면
□ 132	亦	yì 부 또한	亦是如此 yì shì rúcǐ 또한 이렇다
□ 133	从而	cóng'ér 접 그리하여	从而提高质量 cóng'ér tígāo zhìliàng 그리하여 품질을 향상시키다
□ 134	假若	jiǎruò 접 만약 ~한다면	假若不学习 jiǎruò bù xuéxí 만약 공부를 하지 않는다면
□ 135	由于	yóuyú 접 ~때문에	由于原料涨价 yóuyú yuánliào zhǎngjià 원료 가격이 상승하기 때문에

QUIZ

■ 각 빈출 어휘에 호응하는 어휘를 찾아 연결하세요.

01 保持 •   • ⓐ 机器   11 陶醉 •   • 大肆 ⓐ

02 恶化 •   • ⓑ 增长   12 授予 •   • 令人 ⓑ

03 操纵 •   • ⓒ 现实   13 停滞 •   • 生产 ⓒ

04 封锁 •   • 状况 ⓓ   14 挥霍 •   • ⓓ 证书

05 反映 •   • ⓔ 边境   15 锁定 •   • ⓔ 目标

06 谋求 •   • ⓐ 错误   16 展望 •   • ⓐ 道德

07 临床 •   • ⓑ 治疗   17 遮挡 •   • ⓑ 先机

08 纠正 •   • ⓒ 利益   18 占领 •   • ⓒ 未来

09 警告 •   • 长途 ⓓ   19 违背 •   • ⓓ 税款

10 飞行 •   • ⓔ 敌人   20 征收 •   • ⓔ 风雨

21 立场 ·	· 决定 ⓐ	31 支出 ·	· ⓐ 信仰
22 面积 ·	· 扩大 ⓑ	32 宗教 ·	· 财政 ⓑ
23 时光 ·	· ⓒ 坚定	33 深层 ·	· ⓒ 分析
24 机会 ·	· 丧失 ⓓ	34 辛勤 ·	· ⓓ 努力
25 成败 ·	· 美好 ⓔ	35 罕见 ·	· 人迹 ⓔ
26 局面 ·	· 扭转 ⓐ	36 充沛 ·	· 性格 ⓐ
27 志气 ·	· 享有 ⓑ	37 任性 ·	· ⓑ 食物
28 美称 ·	· 制作 ⓒ	38 油腻 ·	· 精力 ⓒ
29 过失 ·	· ⓓ 不足	39 初步 ·	· ⓓ 破坏
30 工艺 ·	· 行政 ⓔ	40 大肆 ·	· ⓔ 阶段

해커스 HSK 6급 고득점 대비 핵심어휘집

정답	21 ⓒ	22 ⓑ	23 ⓔ	24 ⓓ	25 ⓐ	26 ⓐ	27 ⓓ	28 ⓑ	29 ⓔ	30 ⓒ
	31 ⓑ	32 ⓐ	33 ⓒ	34 ⓓ	35 ⓔ	36 ⓒ	37 ⓐ	38 ⓑ	39 ⓔ	40 ⓓ

mp3 바로듣기

독해 제2부분과 쓰기 영역에 특히 도움이 되는 사자성어를 예문을 통해 반드시 암기한다.

✹ 숫자 포함   🎧 사자성어_1_숫자 포함

☑ 잘 외워지지 않는 표현은 박스에 체크하며 복습하세요.

☐ **别具一格** 001 biéjùyìgé	**독특한 풍격을 지니다** 这座博物馆的外观设计别具一格，非常引人注目。 이 박물관의 외관 디자인은 독특한 풍격을 지녀, 무척 사람들의 이목을 끈다.
☐ **不屑一顾** 002 búxièyígù	**거들떠보지도 않다, 생각해 볼 가치도 없다**　*우리말 속담: 어느 집 개가 짖느냐 한다 他对众人的指责不屑一顾，仍旧觉得自己没有做错什么。 그는 많은 사람의 비난에 대해 거들떠보지도 않았고, 여전히 자신은 잘못한 것이 없다고 생각했다.
☐ **大吃一惊** 003 dàchīyìjīng	**몹시 놀라다** 看到他一副老态龙钟的样子，我不禁大吃一惊。 노쇠해서 행동이 불편한 그의 모습을 보고, 나는 몹시 놀라지 않을 수 없었다.
☐ **丢三落四** 004 diūsānlàsì	**이것저것 빠뜨리다, 기억력이 나빠서 잘 잊어버리다** 杨洋是出了名的“马大哈”，总是改不了丢三落四的坏毛病。 양양은 유명한 '덜렁이'로, 이것저것 빠뜨리는 나쁜 버릇을 늘 고치지 못한다.
☐ **独树一帜** 005 dúshùyìzhì	**독창적이다, 독자적으로 한 파를 형성하다** 小叙独树一帜的搭配风格使她在众多设计师中脱颖而出。 샤오쉬의 독창적인 코디 스타일은 그녀가 많은 디자이너 중에서 돋보이게 했다.
☐ **独一无二** 006 dúyīwú'èr	**유일무이하다** 福建土楼是世界上独一无二的民居建筑，它被称为中国传统民居的瑰宝。 푸젠의 토루는 세계에서 유일무이한 민가 건축물로, 그것은 중국 전통 민가의 보배로 불린다.
☐ **功亏一篑** 007 gōngkuīyíkuì	**성공을 눈앞에 두고 실패하다** 现在是最后的冲刺阶段，请大家再加把劲儿，不要功亏一篑。 지금은 마지막 스퍼트 단계로, 모두 더 힘을 쏟아, 성공을 눈앞에 두고 실패하지 않게 합시다.
☐ **家徒四壁** 008 jiātúsìbì	**집안 사방에 벽밖에 없다, 너무 가난해 가진 것이 아무것도 없다**　*우리말 속담: 서 발 막대 거칠 것 없다 房间里一件像样的家具都没有，已经到家徒四壁的地步了。 방안에는 제대로 된 가구도 하나 없어, 이미 집안 사방에 벽밖에 없을 지경에 이르렀다.
☐ **九牛一毛** 009 jiǔniúyìmáo	**아주 사소하다** 这点损失对他而言可谓九牛一毛，他不会在乎的。 이 정도의 손해는 그에게 있어서 아주 사소하다고 할 수 있어, 그는 신경쓰지 않을 것이다.
☐ **名扬四海** 010 míngyángsìhǎi	**명성을 온 누리에 떨치다** 张医生的医术早在多年前就已经名扬四海，因此想挂他的号很难。 닥터 장의 의술은 몇 년 전부터 이미 명성을 온 누리에 떨쳤기 때문에, 그에게 진료 접수하는 것은 어렵다.
☐ **千方百计** 011 qiānfāngbǎijì	**갖은 방법을 다 쓰다** 他千方百计打听对方的消息，结果徒劳无功。 그는 갖은 방법을 다 써서 상대방의 소식을 듣고자 했지만, 결국 헛수고였다.
☐ **千金买骨** 012 qiānjīnmǎigǔ	**천금매골, 천금을 주고 천리마의 뼈를 사다, 애타게 인재를 구하다** 人们现在用“千金买骨”这一成语来比喻迫切地渴求人才。 사람들은 현재 '천금매골' 이 성어를 사용해 절실하게 인재를 갈구하는 것을 비유한다.
☐ **千姿百态** 013 qiānzībǎitài	**자태가 각양각색이다** 千姿百态、变幻无穷的云，给大自然增添了各种各样的奇妙景观。 자태가 각양각색이고, 변화무쌍한 구름은 대자연에 여러 기묘한 경치를 더해줬다.
☐ **数以万计** 014 shùyǐwànjì	**수만에 이르다**　*우리말 속담: 쇠털같이 많다 这个地区遭受了严重的洪涝灾害，数以万计的灾民被迫住进了临时避难所。 이 지역은 심각한 홍수 재해를 입어서, 수만에 이르는 이재민은 할 수 없이 임시 피난소로 들어갔다.

□ 015 **五花八门** wǔhuābāmén	**다양하다, 형형색색**

网络上五花八门的促销手段刺激了消费者的购物欲望。
인터넷상의 다양한 판매 촉진 방식은 소비자의 쇼핑 욕구를 자극했다.

| □ 016 **学富五车** xuéfùwǔchē | **(책을 널리 읽어) 학식이 풍부하다** |

郭教授学富五车，在古典文学方面造诣很深，因此受到学生们的敬仰。
궈 교수님은 학식이 풍부하고, 고전 문학 분야에 조예가 깊기 때문에, 학생들의 존경을 받는다.

| □ 017 **一见钟情** yíjiànzhōngqíng | **첫눈에 반하다** |

研究发现，人在一见钟情时，体内会分泌一种使人兴奋的物质。
연구에서 발견되기를, 사람이 첫눈에 반할 때 체내에는 일종의 사람을 흥분하게 하는 물질이 분비된다.

| □ 018 **一目了然** yímùliǎorán | **일목요연하다, 한눈에 환히 알다** |

这一案件的调查结果已经一目了然，所有的证据都指向一个人。
이 사건의 조사 결과는 이미 일목요연하며, 모든 증거는 한 사람을 가리키고 있다.

| □ 019 **一事无成** yíshìwúchéng | **아무 일도 이루지 못하다, 조금의 성과도 없다** |

如果对自己的人生没有明确的规划，将来可能会一事无成。
만약 자신의 인생에 대해 명확한 계획이 없다면, 미래에 아무 일도 이루지 못할 수 있다.

| □ 020 **一掷千金** yízhìqiānjīn | **돈을 물 쓰듯 하다, 거액의 돈을 걸고 도박을 하다** |

为了把孩子培养成精英，很多家长不惜一掷千金。
아이를 엘리트로 키워내기 위해, 많은 학부모는 돈을 물 쓰듯 하는 것을 아까워하지 않는다.

| □ 021 **一帆风顺** yìfānfēngshùn | **일이 순조롭게 진행되다** *우리말 속담: 순풍에 돛을 달다 |

没有谁的人生是一帆风顺的，只有经历风雨，才能见到彩虹。
인생이 순조롭게만 진행되는 사람은 없으며, 비바람을 겪어야야 비로소 무지개를 볼 수 있다.

| □ 022 **一举两得** yìjǔliǎngdé | **일거양득, 일석이조** *우리말 속담: 도랑 치고 가재 잡는다 |

植树造林既能给人提供木材，又能保持水土，是一举两得的事。
나무를 심어 숲을 조성하는 것은 사람에게 목재를 제공할 뿐만 아니라, 또 수분과 토양을 보존할 수 있어 일거양득인 일이다.

| □ 023 **一模一样** yìmúyíyàng | **(모양이) 완전히 똑같다** |

眼前一望无际的玉米地，竟然和小说里所描写的场景一模一样。
눈앞에 끝없이 펼쳐진 옥수수밭은 뜻밖에도 소설 속에서 묘사한 장면과 완전히 똑같다.

| □ 024 **一贫如洗** yìpínrúxǐ | **찢어지게 가난하다** *우리말 속담: 똥구멍이 찢어지게 가난하다 |

他靠自己的努力摆脱了一贫如洗的生活，成为了腰缠万贯的大富翁。
그는 자신의 노력에 기대 찢어지게 가난한 생활에서 벗어나, 매우 부유한 대부호가 됐다.

| □ 025 **一如既往** yìrújìwǎng | **지난날과 다름없다** |

政府将一如既往地促进两国间的贸易交流，并大力发展新的外交业务。
정부는 지난날과 다름없이 양국 간의 무역 교류를 촉진할 것이며, 아울러 새로운 외교 업무를 힘차게 발전시킬 것이다.

| □ 026 **一丝不苟** yìsībùgǒu | **조금도 소홀히 하지 않다, 조금도 빈틈이 없다** |

那个工人一丝不苟的工作态度得到了上级的极力称赞。
그 근로자의 조금도 소홀히 하지 않는 업무 태도는 상사의 큰 칭찬을 받았다.

| □ 027 **一无是处** yìwúshìchù | **(사람이나 사물이) 조금도 쓸모가 없다, 맞는 것이 하나도 없다** |

没有人是一无是处的，只是每个人擅长的领域不一样罢了。
조금도 쓸모가 없는 사람은 없으며, 그저 사람마다 잘하는 영역이 다를 뿐이다.

| □ 028 **众口一词** zhòngkǒuyìcí | **이구동성으로 말하다** |

消费者们众口一词地夸赞这个产品做工精良、性价比高。
소비자들은 이구동성으로 이 제품은 가공이 정교하고, 가성비가 높다고 칭찬한다.

❋ 不/无 포함　🎧 사자성어_2_bu-wu 포함

☑ 잘 외워지지 않는 표현은 박스에 체크하며 복습하세요.

☐ **爱不释手** 029　àibúshìshǒu	너무 좋아해 차마 손에서 떼어 놓지 못하다 这件复古连衣裙被一颗颗明亮的珍珠点缀着，令人爱不释手。 이 복고풍 원피스는 한 알 한 알 빛나는 진주로 장식돼 있어, 사람으로 하여금 너무 좋아해 차마 손에서 떼어 놓지 못하게 한다.
☐ **不卑不亢** 030　bùbēibúkàng	비굴하지도 거만하지도 않다, 언행이 자연스럽고 의젓하다 她优雅的举止和不卑不亢的态度给我们留下了深刻的印象。 그녀의 우아한 행동과 비굴하지도 거만하지도 않은 태도는 우리에게 깊은 인상을 남겼다.
☐ **不甘落后** 031　bùgānluòhòu	남에게 뒤처지는 것을 달가워하지 않다 那个运动员没有气馁，而是以不甘落后、不服输的精神埋头训练。 그 운동선수는 용기를 잃지 않고, 남에게 뒤처지는 것을 달가워하지 않으며 실패에 굴복하지 않는 정신으로 훈련에 몰두했다.
☐ **不慌不忙** 032　bùhuāngbùmáng	차분하다 他不慌不忙地从口袋里拿出一张纸条，大声念出了上面的文章。 그는 차분하게 주머니에서 종이 한 장을 꺼내, 큰 소리로 위의 글을 읽었다.
☐ **不拘小节** 033　bùjūxiǎojié	사소한 일에 구애받지 않는다 王林性格豪迈，不拘小节，但在大事上坚持原则，立场鲜明。 왕린은 성격이 호탕하고, 사소한 일에 구애받지 않지만, 큰일에 대해서는 원칙을 지키며 입장이 분명하다.
☐ **不可或缺** 034　bùkěhuòquē	없어선 안 되다 在孩子的成长过程中，父母的教育和家庭的熏陶不可或缺。 아이의 성장 과정에서, 부모의 교육과 가정의 가르침이 없어선 안 된다.
☐ **不可思议** 035　bùkěsīyì	불가사의하다, 이해할 수 없다 这个孩子年仅六岁就可以熟练地背诵三百首诗，真是不可思议。 이 아이는 겨우 여섯 살의 나이에 삼백 수의 시를 능숙하게 암송할 수 있다. 참으로 불가사의하다.
☐ **不言而喻** 036　bùyán'éryù	말할 필요도 없다, 말하지 않아도 안다 对资源贫乏、国内市场狭小的岛国来说，海外市场的重要性不言而喻。 자원이 부족하고 국내 시장이 작은 섬나라로 말하자면, 해외 시장의 중요성은 말할 필요도 없다.
☐ **不约而同** 037　bùyuē'értóng	약속이나 한 듯 행동이 일치하다 为了赶上末班车，我们一言不发，不约而同地加快了脚步。 막차를 타기 위해, 우리는 아무 말 없이 약속이나 한 듯 발걸음을 재촉했다.
☐ **不择手段** 038　bùzéshǒuduàn	(목적을 달성하기 위해) 수단과 방법을 가리지 않다　*우리말 속담: 모로 가도 서울만 가면 된다 我相信他不是一个为了谋取私利而不择手段的人。 나는 그가 개인적인 이익을 취하기 위해 수단과 방법을 가리지 않는 사람이 아니라고 믿는다.
☐ **不知所措** 039　bùzhīsuǒcuò	어찌할 바를 모르다 弟弟一动不动地站在门口，被吓得不知所措。 남동생은 꼼짝하지 않고 문 앞에 서서, 놀라 어찌할 바를 몰랐다.
☐ **层出不穷** 040　céngchūbùqióng	끊임없이 나타나다, 꼬리를 물고 나타나다 关于这次足球赛事的新闻报道层出不穷，媒体给出了多种看法。 이번 축구 경기에 관한 뉴스 보도가 끊임없이 나오고, 매체는 다양한 견해를 내놓았다.
☐ **川流不息** 041　chuānliúbùxī	(행인·차량 등이 냇물처럼) 끊임없이 오가다　*우리말 속담: 쥐가 쥐 꼬리를 물고 在川流不息的人群中，她一眼认出了多年未见的挚友。 끊임없이 오가는 인파 중에서, 그녀는 한눈에 다년간 보지 못한 절친한 친구를 알아봤다.
☐ **得不偿失** 042　débùchángshī	얻는 것보다 잃는 것이 더 많다 为贪图一时之利而去做违法犯罪的事情，最终只会得不偿失。 한순간의 이익을 탐하기 위해 법을 위반하고 범죄를 저지르는 일을 한다면, 결국 얻는 것보다 잃는 것이 더 많을 것이다.

☐ 供不应求 043 gōngbúyìngqiú	공급이 수요를 따르지 못하다, 공급이 모자라다
	口罩的需求量急速增长，各厂商已经积极投入生产，但仍然供不应求。
	마스크의 수요량이 빠르게 증가해, 각 제조업자는 이미 적극적으로 생산에 들어갔지만, 여전히 공급이 수요를 따르지 못한다.
☐ 坚持不懈 044 jiānchíbúxiè	꾸준하다, 느슨해지지 않고 끝까지 해나가다
	经过坚持不懈的努力，他在天文学方面取得了显著的成就。
	꾸준한 노력을 거쳐, 그는 천문학 분야에서 현저한 성취를 거뒀다.
☐ 刻不容缓 045 kèbùrónghuǎn	잠시도 지체할 수 없다, (상황·정세가) 매우 급박하다 *우리말 속담: 수염의 불 끄듯
	废弃的塑料制品对海洋生物造成了威胁，解决白色污染问题刻不容缓。
	폐기된 플라스틱 제품은 해양 생물에게 위협을 초래했고, 백색 오염 문제를 해결하는 것은 잠시도 지체할 수 없다.
☐ 来之不易 046 láizhībúyì	쉽게 얻어지지 않다, 쉽게 이루어지지 않는다
	她深知这个学习机会来之不易，因此下定决心要加倍努力。
	그녀는 이런 공부의 기회가 쉽게 얻어지지 않는 것임을 매우 잘 알고 있기 때문에, 배로 노력하기로 결심을 굳혔다.
☐ 络绎不绝 047 luòyìbùjué	(사람·수레·배 등이) 끊임없이 오가다
	本次花卉博览会展出了平时难得一见的花草，参观者络绎不绝。
	이번 화훼 박람회는 평소에 보기 힘든 화초를 전시해서, 관람자가 끊임없이 오갔다.
☐ 民不聊生 048 mínbùliáoshēng	백성이 안심하고 생활할 수가 없다
	失败的财政政策使国内经济更加恶化，导致民不聊生，怨声载道。
	실패한 재정 정책은 국내 경제를 더욱 악화시켰고, 국민이 안심하고 생활할 수 없게 했으며, 원성이 도처에 가득하게 했다.
☐ 目不识丁 049 mùbùshídīng	일자무식하다 *우리말 속담: 낫 놓고 기역자도 모른다
	在我看来，他虽然目不识丁，说起话来却有板有眼。
	내가 봤을 때, 그는 비록 일자무식하지만 말을 할 때면 도리어 논리정연하다.
☐ 平淡无奇 050 píngdànwúqí	평범하다
	这棵树看起来平淡无奇，但一到花期，满树芬芳吸引人们驻足观赏。
	이 나무는 보기에 평범하지만, 꽃 피는 시기가 되면 온 나무의 향기는 사람들이 걸음을 멈추고 감상하도록 이끈다.
☐ 迫不及待 051 pòbùjídài	잠시도 지체하지 않다, 잠시도 늦출 수 없다
	快递一到，她就迫不及待地拆开包装，开始一件件试穿起新衣服来。
	택배가 도착하자마자, 그녀는 잠시도 지체하지 않으며 포장을 뜯어 새 옷을 한 벌씩 입어보기 시작했다.
☐ 锲而不舍 052 qiè'érbùshě	인내심을 갖고 일을 계속하다, 한번 마음을 먹으면 끈기 있게 끝까지 해내다
	警方锲而不舍地进行了追踪调查，最终抓获了该案件的犯罪嫌疑人。
	경찰은 인내심을 갖고 추적 조사를 계속 진행했고, 결국 해당 사건의 범죄 용의자를 잡았다.
☐ 食不果腹 053 shíbùguǒfù	배불리 먹지 못하다, 매우 빈곤하다
	村民们食不果腹的贫困景象经媒体披露后，引起了全社会的广泛关注。
	마을 주민들이 배불리 먹지 못하는 빈곤한 모습이 매체를 통해 폭로된 후, 온 사회의 폭넓은 관심을 불러일으켰다.
☐ 肆无忌惮 054 sìwújìdàn	아무 거리낌없이 제멋대로 굴다
	这片街区治安状况很差，发生过许多起肆无忌惮的盗窃行为。
	이 구역은 치안 상태가 나빠서, 아무 거리낌없는 절도 행위가 많이 발생했다.
☐ 滔滔不绝 055 tāotāobùjué	쉴 새 없이 말하다, 끊임없이 계속되다
	在同学聚会上，他滔滔不绝地讲述了自己这些年来的经历。
	동창회에서, 그는 쉴 새 없이 자신의 최근 몇 년간의 경험을 이야기했다.
☐ 微不足道 056 wēibùzúdào	보잘것없다, 하찮아서 말할 가치도 없다 *우리말 속담: 쥐 밑살 같다
	蝴蝶效应指的是一件微不足道的小事最终导致巨大后果的现象。
	나비효과는 보잘것없는 작은 일이 결국 어마어마한 결과를 초래한다는 현상을 가리킨다.

☐ **无动于衷** 057 wúdòngyúzhōng	**마음에 전혀 와닿지 않다, 아무런 느낌이 없다** 她对父母的劝阻无动于衷，决定辞职后回家乡创业。 그녀는 부모님의 만류가 마음에 전혀 와닿지 않았고, 일을 그만둔 후 고향에 돌아가 창업하기로 결심했다.
☐ **无精打采** 058 wújīngdǎcǎi	**의기소침하다, 활기가 없다**　*우리말 속담: 사흘에 한 끼도 못 먹은 듯하다 得知熬夜完成的企划案没有被通过，他无精打采地回到了自己的座位。 밤을 새워서 완성한 기획안이 통과되지 못한 것을 알고, 그는 의기소침하게 자신의 자리로 돌아왔다.
☐ **无理取闹** 059 wúlǐqǔnào	**아무런 까닭 없이 남과 다투다, 고의로 소란을 피우다** 过了许久，那个无理取闹的客人终于在周围群众的劝解下向服务员道了歉。 오랜 시간이 지나, 아무런 까닭 없이 남과 다투던 그 손님은 드디어 주위 사람들의 설득에 종업원에게 사과했다.
☐ **无穷无尽** 060 wúqióngwújìn	**무궁무진하다** 知识的海洋是无穷无尽的，只要不断地探索，就会获得新的知识。 지식의 바다는 무궁무진하며, 끊임없이 탐색하기만 한다면 새로운 지식을 얻을 수 있다.
☐ **无人问津** 061 wúrénwènjīn	**아무도 관심을 두지 않다** 她的小说在出版社的仓库里堆积如山，无人问津。 그녀의 소설은 출판사의 창고 안에 산처럼 쌓여있으며, 아무도 관심을 두지 않는다.
☐ **无所适从** 062 wúsuǒshìcóng	**어찌할 바를 모르다** 小男孩独自一人站在熙熙攘攘的大街上，显得无所适从。 어린 남자아이가 혼자 사람들로 북적거리는 큰길에 서서, 어찌할 바를 모르는 것처럼 보인다.
☐ **无微不至** 063 wúwēibúzhì	**(배려와 보살핌이) 매우 세심하다** 在家人无微不至的照顾下，他的病情很快有了好转。 가족의 매우 세심한 보살핌 하에, 그의 병세는 빠르게 호전됐다.
☐ **无忧无虑** 064 wúyōuwúlǜ	**아무런 근심이나 걱정이 없다** 长大成人后，我们时常怀念童年时期那个无忧无虑的自己。 커서 성인이 된 후, 우리는 자주 어린시절의 그 아무런 근심이나 걱정이 없던 자신을 그리워한다.
☐ **鸦雀无声** 065 yāquèwúshēng	**매우 고요하다, 까마귀와 참새 소리마저도 없다** 夜幕降临，街道上鸦雀无声，唯有猫头鹰时不时地发出鸣叫声。 어둠이 내려앉고 거리는 매우 고요했으며, 오직 부엉이만이 이따금 울음소리를 냈다.
☐ **哑口无言** 066 yǎkǒuwúyán	**말문이 막히다, 할 말이 없다** 那个家伙被问得哑口无言，只好低头认错了。 그 녀석은 물음에 말문이 막혀, 고개를 숙이고 잘못을 인정할 수밖에 없었다.
☐ **怏怏不乐** 067 yàngyàngbúlè	**불만에 가득차 우울하다** 他沉着脸站在我面前，双手插在口袋里，怏怏不乐。 그는 얼굴을 찌푸리고 내 앞에 서서 두 손을 주머니에 넣은 채, 불만에 가득차 우울해한다.
☐ **衣不蔽体** 068 yībúbìtǐ	**극히 가난하다**　*우리말 속담: 똥구멍이 찢어지게 가난하다 在那个兵荒马乱的年代，大多数人过着衣不蔽体、食不果腹的悲惨生活。 전란으로 세상이 어수선한 그 시대에, 대다수 사람은 극히 가난하고 배불리 먹지 못하는 비참한 생활을 보냈다.
☐ **有条不紊** 069 yǒutiáobùwěn	**(말·행동이) 조리 있고 질서정연하다** 在领导的安排下，我们有条不紊地开展了工作。 상사의 배정 하에, 우리는 조리 있고 질서정연하게 업무를 추진해나갔다.
☐ **孜孜不倦** 070 zīzībújuàn	**지칠 줄 모르고 꾸준히 하다** 他学贯中西，通晓几门外语，但仍然每天孜孜不倦地学习。 그는 지식이 매우 해박하고, 몇 가지 외국어에 능통하지만, 여전히 매일 지칠 줄 모르고 꾸준히 공부한다.

✳ 상반/연속 🎧 사자성어_3_상반–연속

☑ 잘 외워지지 않는 표현은 박스에 체크하며 복습하세요.

☐ 笨嘴笨舌 071 bènzuǐbènshé	**말재주가 없다, 말이 서툴다** 你还是去问他吧，我这人笨嘴笨舌的，一两句话解释不清楚。 당신은 아무래도 그에게 가서 물어보세요. 저는 말재주가 없어서, 한두 마디로 명확하게 설명할 수 없어요.
☐ 东奔西走 072 dōngbēnxīzǒu	**동분서주하다** 为了收集足够的证据，他整天东奔西走，几乎耗尽了所有的精力。 충분한 증거를 수집하기 위해, 그는 온종일 동분서주하며 모든 에너지를 거의 다 썼다.
☐ 东张西望 073 dōngzhāngxīwàng	**여기저기 두리번거리다** 一个女人在火车站东张西望地寻找着什么东西。 한 여자가 기차역에서 여기저기 두리번거리며 무언가를 찾고 있다.
☐ 纷至沓来 074 fēnzhìtàlái	**쉴 새 없이 계속 오다** 在钱塘江观潮期，游客们纷至沓来，只为一睹这一惊人的景观。 첸탕장의 조류를 구경하는 시기에, 관람객들이 쉴 새 없이 계속 오는 것은 오직 이 놀라운 경치를 한 번 보기 위해서이다.
☐ 归根到底 075 guīgēndàodǐ	**결국, 근본으로 돌아가면** 商家在销售商品的时候会使用很多套路，归根到底就是想诱导顾客消费。 판매자는 제품을 판매할 때 많은 수법을 사용하는데, 결국 고객의 소비를 유도하고 싶어서이다.
☐ 归根结底 076 guīgēnjiédǐ	**결국, 끝내** 企业的核心竞争力归根结底体现在自主创新能力上。 기업의 핵심 경쟁력은 결국 자주적인 혁신 능력에서 드러난다.
☐ 津津乐道 077 jīnjīnlèdào	**흥미진진하게 이야기하다** 他的奋斗经历至今仍是人们津津乐道的话题。 그의 분투 경험은 지금까지도 여전히 사람들이 흥미진진하게 이야기하는 화제이다.
☐ 兢兢业业 078 jīngjīngyèyè	**근면하고 성실하게 임하다** 老李在这家公司兢兢业业地工作了十年，因此获得了"最佳奉献奖"。 라오리는 이 회사에서 근면하고 성실하게 십 년을 일했기 때문에, '최고 공헌상'을 받았다.
☐ 井井有条 079 jǐngjǐngyǒutiáo	**질서정연하다** 这个年轻的总裁把公司管理得井井有条。 이 젊은 총재는 회사를 질서정연하게 관리했다.
☐ 久而久之 080 jiǔ'érjiǔzhī	**오랜 시간이 지나다** 经常久坐不动，会使肌肉松弛，久而久之加速肌肉的萎缩。 자주 오랫동안 앉아서 움직이지 않으면 근육이 이완되게 하고, 오랜 시간이 지나면 근육의 수축이 가속화된다.
☐ 侃侃而谈 081 kǎnkǎn'értán	**당당하고 차분하게 말하다** 他这个人完全不认生，能够和初次见面的人侃侃而谈。 그는 전혀 낯을 가리지 않아서, 처음 만난 사람과도 당당하고 차분하게 말할 수 있다.
☐ 空空如也 082 kōngkōngrúyě	**텅 비어 아무것도 없다** 这一带虽然高楼林立，但不少大楼空空如也。 이 일대는 비록 높은 빌딩이 빽빽이 늘어서 있지만, 적지 않은 건물이 텅 비어 아무것도 없다.
☐ 空前绝后 083 kōngqiánjuéhòu	**전무후무하다, 이전에도 없었고 앞으로도 없을 것이다** 看完国外杂技团举行的空前绝后的表演，观众们纷纷起立鼓掌了。 외국 서커스단이 선보인 전무후무한 공연을 본 후, 관중들은 잇달아 일어나서 손뼉을 쳤다.
☐ 苦尽甘来 084 kǔjìngānlái	**고생 끝에 낙이 오다** 她含辛茹苦扶养了3个儿女，现在孩子们都有所成就，总算是苦尽甘来了。 그녀는 고생을 참고 견디며 3명의 자녀를 길렀다. 현재 아이들 모두 성취한 바가 있어, 마침내 고생 끝에 낙이 온 셈이다.

□ **屡战屡败** 085　lǚzhànlǚbài	싸울 때마다 패배하다 屡战屡败的女排国家队终于迎来了首场胜利。 싸울 때마다 패배했던 여자 배구 국가대표팀이 드디어 첫 승리를 맞이했다.
□ **南辕北辙** 086　nányuánběizhé	행동과 목적이 상반되다 你用这种方式解决问题，岂不是南辕北辙吗？ 당신이 이런 방식으로 문제를 해결하는 것은 행동과 목적이 상반되는 것 아닌가요?
□ **南征北战** 087　nánzhēng 　　 běizhàn	각지를 돌아다니며 수많은 전투를 치르다 我的爷爷曾经是一位南征北战的职业军人，他已走遍了大半个中国。 나의 할아버지는 일찍이 각지를 돌아다니며 수많은 전투를 치른 직업 군인으로, 그는 이미 중국을 반 이상 두루 돌아다녔다.
□ **评头论足** 088　píngtóulùnzú	이러쿵저러쿵 떠들다 张阿姨总是忍不住对别人的言行举止评头论足。 장 아주머니는 늘 다른 사람의 언행과 행동에 대해 참지 못하고 이러쿵저러쿵 떠든다.
□ **迄今为止** 089　qìjīnwéizhǐ	(이전 어느 시점부터) 지금에 이르기까지 "卡利南"是迄今为止世界上发现的最大钻石，现已被切割成九块大钻石。 '컬리넌'은 지금에 이르기까지 세계에서 발견된 가장 큰 다이아몬드로, 현재는 이미 아홉 조각의 큰 다이아몬드로 절단됐다.
□ **窃窃私语** 090　qièqièsīyǔ	귓속말로 속삭이다 他俩在课堂上窃窃私语，结果被老师逮了个正着。 그 둘은 수업 시간에 귓속말로 속삭였고, 결국 선생님에게 딱 걸렸다.
□ **人心惶惶** 091　rénxīn 　　 huánghuáng	두려움에 떨다, 인심이 흉흉하다 最近入室盗窃案件频频发生，害得市民人心惶惶。 최근 집에 침입해서 도둑질하는 사건이 빈번히 발생해, 시민들을 두려움에 떨게 했다.
□ **任重道远** 092　rènzhòng 　　 dàoyuǎn	맡은 바 책임은 무겁고 갈 길은 아직도 멀다 全球的环境形势不容乐观，环保工作任重道远。 전 세계의 환경 상황은 낙관할 수 없고, 환경 보호 사업은 맡은 바 책임은 무겁고 갈 길은 아직도 멀다.
□ **日新月异** 093　rìxīnyuèyì	나날이 새로워지다, 변화와 발전이 빠르다　*우리말 속담: 태산이 평지 된다 近几年来，东部沿海地区科技发展日新月异。 최근 몇 년간, 동부 연해 지역의 과학 기술의 발전은 나날이 새로워지고 있다.
□ **所见所闻** 094　suǒjiànsuǒwén	보고 들은 것 徐霞客对旅行途中的所见所闻做了详细记录，并写出了地理巨著《徐霞客游记》。 서하객은 여행 도중에 보고 들은 것에 대해 상세한 기록을 해뒀고, 아울러 지리학의 대작인 <서하객유기>를 써냈다.
□ **讨价还价** 095　tǎojiàhuánjià	값을 흥정하다 我看见妈妈拎着一条碎花裙，跟街头小贩讨价还价。 나는 엄마가 꽃무늬 원피스를 하나 들고, 길거리의 상인과 값을 흥정하고 있는 것을 봤다.
□ **文武双全** 096　wénwǔ 　　 shuāngquán	문무를 두루 겸비하다 他是文武双全的将军，得到皇帝的信任。 그는 문무를 두루 겸비한 장군으로, 황제의 신임을 받았다.
□ **物美价廉** 097　wùměijiàlián	상품의 질이 좋고 값도 저렴하다　*우리말 속담: 값싼 갈치자반 맛만 좋다 这家文具店的商品不仅物美价廉，而且款式多样。 이 문구점의 상품은 질이 좋고 값이 저렴할 뿐 아니라, 디자인도 다양하다.
□ **相辅相成** 098　xiāngfǔ 　　 xiāngchéng	서로 보완하고 협력하다 他认为，在治理国家上，法治与德治是相辅相成、相互促进的。 그는 나라를 다스리는 데 있어, 법에 따른 통치와 덕에 따른 통치는 서로 보완하고 협력하며 상호 촉진해야 한다고 생각한다.

☐ **小心翼翼** 099 xiǎoxīnyìyì	매우 조심스럽다, 엄숙하고 경건하다　*우리말 속담: 달걀 섬 모시듯 她小心翼翼地擦拭着餐具，生怕一不小心弄碎了它们。 그녀는 실수로 식기구를 깨뜨릴까 봐 매우 조심스럽게 그것들을 닦고 있다.
☐ **欣欣向荣** 100 xīnxīnxiàngróng	활기차게 번창하다, (초목이) 무럭무럭 자라다 高新科技园区促进了经济的发展，这座城市呈现出了一派欣欣向荣的景象。 첨단 과학 기술 단지는 경제의 발전을 촉진했고, 이 도시는 활기차게 번창하는 모습을 보이고 있다.
☐ **行色匆匆** 101 xíngsècōngcōng	분주하게 서두르다 街上的路人行色匆匆，没有人停下脚步帮助这个可怜的老人。 길거리의 행인은 분주하게 서두르고 있고, 아무도 발걸음을 멈춰 이 불쌍한 노인을 도와주지 않는다.
☐ **兴致勃勃** 102 xìngzhìbóbó	흥미진진하다, 흥겹다 人们还在兴致勃勃地讨论前几天闭幕的世界杯足球赛。 사람들은 아직 흥미진진하게 며칠 전 폐막한 월드컵축구경기에 관해 토론하고 있다.
☐ **异曲同工** 103 yìqǔtónggōng	방법은 다르지만 같은 효과를 내다, 곡은 달라도 교묘한 솜씨는 똑같다 那位学者认为，中国志怪小说与世界当代小说有异曲同工之处。 그 학자는 중국의 지괴 소설과 세계의 당대 소설은 방법은 다르지만 같은 효과를 내는 점이 있다고 생각한다.
☐ **忧心忡忡** 104 yōuxīn chōngchōng	걱정스럽다 今年的经济增速已超过了预期目标，但经济学家们仍对经济前景忧心忡忡。 올해의 경제 성장 속도는 이미 예기한 목표를 넘겼지만, 경제학자들은 여전히 경제 전망에 대해 걱정스러워한다.
☐ **有勇有谋** 105 yǒuyǒngyǒumóu	담력과 지혜를 모두 겸비하다 这件事很快就传开了，大家都称赞李飞是有勇有谋的好青年。 이 일은 빠르게 퍼졌고, 모두들 리페이가 담력과 지혜를 모두 겸비한 좋은 청년이라고 칭찬했다.
☐ **郁郁葱葱** 106 yùyùcōngcōng	울창하다, (초목이) 매우 무성하다 黄龙风景名胜区内郁郁葱葱的原始森林吸引了大量的游客和植物学家。 황룡 풍경명승지 안의 울창한 원시 산림은 많은 관광객과 식물학자를 매료시켰다.
☐ **跃跃欲试** 107 yuèyuèyùshì	해 보고 싶어 안달하다 这个行业不需要过高的技术水平和大量的资金投入，因此很多人跃跃欲试。 이 업계는 지나치게 높은 기술 수준과 대량의 자금 투자가 필요하지 않기 때문에, 많은 사람이 해 보고 싶어 안달한다.
☐ **再接再厉** 108 zàijiēzàilì	한층 더 분발하다, 더욱더 힘쓰다 领导鼓励我们再接再厉，在今后的工作中取得更好的成绩。 상사는 우리가 한층 더 분발해, 앞으로의 업무에서 더 좋은 성과를 내도록 격려했다.
☐ **朝思暮想** 109 zhāosīmùxiǎng	꿈에도 그리워하다 叔叔回到了阔别多年的故乡，见到了朝思暮想的亲人。 삼촌은 다년간 떨어져 지낸 고향으로 돌아갔고, 꿈에도 그리워하던 가족을 만났다.
☐ **争先恐后** 110 zhēngxiān kǒnghòu	(뒤질세라) 앞을 다투다 老师一提问，孩子们就争先恐后地举手发言了。 선생님이 질문하자마자, 아이들은 앞을 다투어 손을 들고 발표했다.
☐ **自然而然** 111 zìrán'érrán	자연스레 生活在这里的人们自然而然地养成了乐观开朗的性格。 여기서 생활하는 사람들은 자연스레 긍정적이고 활발한 성격을 지니게 됐다.
☐ **自怨自艾** 112 zìyuànzìyì	자신을 원망하며 한탄하다, 후회하다 既然事情已经发生，你就别自怨自艾了，我们一起想解决办法吧。 기왕 일은 이미 발생했으니, 당신은 자신을 원망하며 한탄하지 마세요. 우리 함께 해결 방법을 생각해봐요.

✳ 삶/환경　🎧 사자성어_4_삶-환경

☑ 잘 외워지지 않는 표현은 박스에 체크하며 복습하세요.

☐ **安居乐业** 113　ānjūlèyè	**평안히 살면서 즐겁게 일하다** 在战争年代，安居乐业的生活是难以实现的，那是一种奢侈。 전쟁 시기에 평안히 살면서 즐겁게 일하는 생활은 실현하기 어려우며, 그것은 일종의 사치이다.
☐ **饱经沧桑** 114　bǎojīngcāngsāng	**온갖 풍파를 다 겪다** 他饱经沧桑的脸上布满了皱纹，这些皱纹是岁月留下的痕迹。 온갖 풍파를 다 겪은 그의 얼굴에는 주름이 가득했고, 이런 주름들은 세월이 남긴 흔적이다.
☐ **兵荒马乱** 115　bīnghuāng mǎluàn	**전란으로 세상이 어수선하다** 在兵荒马乱的年代，吃一顿饱饭是一件不容易的事。 전란으로 세상이 어수선한 시대에, 배부른 밥 한 끼 먹는 것은 쉽지 않은 일이었다.
☐ **长年累月** 116　chángniánlěiyuè	**오랜 세월** 他们长年累月工作在海拔4300米的高山上，克服了种种难以想象的困难。 그들은 오랜 세월을 해발 4300미터의 고산에서 일하며, 상상하기도 힘든 각종 어려움을 극복했다.
☐ **吃喝玩乐** 117　chīhēwánlè	**먹고 마시고 놀며 즐기다** 他年轻时过了吃喝玩乐的闲日子，到了晚年就变得穷困潦倒。 그는 젊은 시절 먹고 마시고 놀며 즐기는 한가한 나날을 보냈고, 노년이 되자 가난하고 궁핍해졌다.
☐ **芬芳馥郁** 118　fēnfāngfùyù	**향기가 매우 짙다** 我们骑着自行车一路南下，沿途风光秀丽，树木郁郁葱葱，百花芬芳馥郁。 우리는 자전거를 타고 남쪽으로 갔다. 도로 주변은 풍경이 아름답고, 나무는 울창했으며, 모든 꽃은 향기가 매우 짙었다.
☐ **风土人情** 119　fēngtǔrénqíng	**풍토와 인심, 지방의 특색과 풍습** 中国少数民族地区特有的风土人情吸引了众多外国友人。 중국 소수민족 지역의 고유한 풍토와 인심은 매우 많은 외국 친구를 매료시켰다.
☐ **孤儿寡母** 120　gū'érguǎmǔ	**남겨진 자식과 홀어머니, 의지할 곳도 없고 생활도 매우 어려운 한집안 식구** 父亲去世后，家里只剩下他和母亲，从此孤儿寡母相依为命。 아버지가 돌아가신 후, 집에는 그와 어머니만 남았다. 그때부터 남겨진 자식과 홀어머니는 서로 의지하며 살아갔다.
☐ **画蛇添足** 121　huàshétiānzú	**사족을 달다, 쓸데없는 행동을 하다** *우리말 속담: 뱀을 그리고 발까지 단다 这幅画已经很完美了，再加一笔就等于画蛇添足了。 이 그림은 이미 완벽해서, 한 획을 더 더하면 사족을 다는 것과 다름없다.
☐ **急功近利** 122　jígōngjìnlì	**눈앞의 이익에만 급급하다** 做任何事都不宜急功近利，而应该用长远的眼光看待问题。 어떤 일을 하든 눈앞의 이익에만 급급한 것은 좋지 않으며, 장기적인 안목으로 문제를 대해야 한다.
☐ **急于求成** 123　jíyúqiúchéng	**목적을 달성하기에 급급하다** 急于求成的人只想快速获得成功，因此很难把事做到极致。 목적을 달성하기에 급급한 사람은 빠르게 성공을 얻는 것만을 바라기 때문에, 일을 최고의 경지까지 해내기 어렵다.
☐ **家道中落** 124　jiādàozhōngluò	**집안 형편이 기울다** 家道中落后，许亮不得不放弃学业，承担养家糊口的重担。 집안 형편이 기운 후, 쉬량은 부득이하게 학업을 포기하고, 가족을 부양하는 무거운 짐을 짊어졌다.
☐ **精打细算** 125　jīngdǎxìsuàn	**(인력·물력을 씀에 있어) 알뜰살뜰하다, 세밀하게 계산하다** 虽然他收入不高，但是妻子很会精打细算，所以日子过得还不错。 비록 그는 수입이 많지 않지만, 아내가 알뜰살뜰해서, 그런대로 괜찮게 생활하고 있다.
☐ **慷慨解囊** 126　kāngkǎijiěnáng	**아낌없이 돈을 기부하다** 在那个企业家的带动下，各界人士纷纷慷慨解囊，向受灾地区捐款捐物。 그 기업가의 장려 하에, 각계 인사는 잇달아 아낌없이 돈을 기부하며 수해 지역에 돈과 물건을 기부했다.

☐ 逆来顺受 127 nìláishùnshòu	역경에 굴복하는 태도를 보이다, 열악한 환경이나 무례한 대우를 참고 견디다
	她从来就不是一个胆小怕事、逆来顺受的女孩。
	그녀는 여태껏 소심해 일을 낼까 두려워하거나, 역경에 굴복하는 태도를 보이는 여자아이가 아니었다.
☐ 深山密林 128 shēnshānmìlín	인적이 드문 깊은 숲속
	那个药农不畏艰苦, 跑遍深山密林, 终于找到了止血的药草。
	약초를 재배하는 그 농민은 고생을 두려워하지 않고, 인적이 드문 깊은 숲속을 두루 돌아다니며, 결국 지혈하는 약초를 찾았다.
☐ 省吃俭用 129 shěngchī jiǎnyòng	근검절약하다
	奶奶一辈子省吃俭用, 连一颗纽扣儿也舍不得随便扔掉。
	할머니는 한평생 근검절약하며, 단추 하나도 함부로 버리기 아까워했다.
☐ 睡眼惺忪 130 shuìyǎnxīngsōng	졸음이 채 가시지 않아 게슴츠레하게 눈을 뜨다
	我敲了半天门, 她才睡眼惺忪地从房间里走了出来。
	내가 한참 동안 문을 두드린 후에야, 그녀는 비로소 졸음이 채 가시지 않아 게슴츠레하게 눈을 뜨고 방 안에서 걸어 나왔다.
☐ 顺其自然 131 shùnqízìrán	순리에 따르다, 대세에 따라 자연스럽게 흘러가게 하다
	健康规律的生活习惯和顺其自然的生活态度正是他的长寿法宝。
	건강하고 규칙적인 생활 습관과 순리에 따르는 생활 태도야말로 그의 장수 비결이다.
☐ 司空见惯 132 sīkōngjiànguàn	자주 봐서 익숙하다, 늘 봐서 신기하지 않다
	我们对这种事情早已司空见惯、见怪不怪了。
	우리는 이런 일을 이미 자주 봐서 익숙하며, 이상한 일을 봐도 전혀 놀라지 않는다.
☐ 天伦之乐 133 tiānlúnzhīlè	가족이 누리는 단란함
	这老两口退休后和子女生活在一起, 享受天伦之乐。
	이 노부부는 은퇴 후 자녀와 함께 생활하며, 가족이 누리는 단란함을 즐기고 있다.
☐ 为国捐躯 134 wèiguójuānqū	나라를 위해 목숨을 바치다
	烈士们为国捐躯的事迹感动了无数人。
	나라를 위해 목숨을 바친 열사들의 업적은 무수한 사람을 감동하게 했다.
☐ 雪上加霜 135 xuěshàng jiāshuāng	엎친 데 덮친 격이다, 눈 위에 서리가 내리다, 설상가상 *우리말 속담: 산 넘어 산이다
	这场突如其来的变故对这个家庭来说是雪上加霜。
	한 차례 갑자기 닥쳐온 재난은 이 가정에 있어 엎친 데 덮친 격이다.
☐ 养家糊口 136 yǎngjiāhúkǒu	(가까스로) 가족을 부양하다
	这些农民选择外出打工, 就是为了挣钱养家糊口。
	이 농민들이 외지에 나가 일하기를 선택한 것은, 돈을 벌어 가족을 부양하기 위함이다.
☐ 与日俱增 137 yǔrìjùzēng	날로 늘어나다, 날이 갈수록 많아지다
	随着房价持续飙升, 人们的购房压力与日俱增。
	집값이 지속적이고 급격히 상승함에 따라, 사람들의 집 장만 스트레스는 날로 늘어난다.
☐ 枝繁叶茂 138 zhīfányèmào	가지와 잎이 무성하다, 자손이 많다, 가문이 번창하다
	种在院子里的那几棵树, 如今已经枝繁叶茂, 郁郁葱葱了。
	정원에 심은 그 몇 그루의 나무는, 오늘날 이미 가지와 잎이 무성하고 울창하다.
☐ 知足常乐 139 zhīzúchánglè	이미 가진 것에 만족하다, 만족함을 알면 항상 즐겁다
	俗话说人生不如意事十之八九, 因此我们要懂得知足常乐。
	속담에 이르기를 인생에서 마음대로 되지 않는 일은 열에 여덟아홉이기 때문에, 우리는 이미 가진 것에 만족할 줄 알아야 한다.
☐ 稚气未脱 140 zhìqìwèituō	어린 티를 벗지 못하다
	小玲那张纯真的、稚气未脱的面孔不时浮现在我眼前。
	샤오링의 그 순수하고 어린 티를 벗지 못한 얼굴이 이따금 내 눈앞에 떠오른다.

✳ 재능/노력 🎧 사자성어_5_재능-노력

☑ 잘 외워지지 않는 표현은 박스에 체크하며 복습하세요.

☐ 半途而废 141 bàntú'érfèi	도중에 포기하다, 일을 중도에 그만두다 学习语言时不能半途而废，因为这是一个需要积累的过程。 언어를 배울 때는 도중에 포기하면 안 된다. 왜냐하면 이것은 누적이 필요한 과정이기 때문이다.
☐ 笔下生花 142 bǐxiàshēnghuā	문장력이 아주 뛰어나다, 문장이 아름다우며 생동감이 있다 他才气过人、笔下生花，创作了许多诗文佳作。 그는 재능이 뛰어나고 문장력이 아주 뛰어나서 많은 훌륭한 시와 산문 작품을 창작해냈다.
☐ 别出心裁 143 biéchūxīncái	독창적이다, 기발하다 从别出心裁的包装上可以看出，这是一份精心准备的礼物。 독창적인 포장에서 볼 수 있듯이, 이것은 정성스레 준비한 선물이다.
☐ 博大精深 144 bódàjīngshēn	(사상·학식 등이) 넓고 심오하다 博大精深的茶文化蕴含了丰富的思想，体现了人与自然的和谐统一。 넓고 심오한 차 문화는 풍부한 사상을 내포하고 있고, 사람과 자연의 조화와 통일을 드러낸다.
☐ 出谋划策 145 chūmóuhuàcè	계책을 내놓다 他不可能想出这种高明的办法，肯定有人在他背后出谋划策。 그는 이렇게 훌륭한 방법을 생각해내지 못할 것이며, 분명 누군가 그의 뒤에서 계책을 내놓고 있을 것이다.
☐ 大海捞针 146 dàhǎilāozhēn	바다에 빠진 바늘 찾기다, 전혀 할 수 없는 일을 하다 在这种地方找人就像大海捞针一样困难。 이런 곳에서 사람을 찾는 것은 바다에 빠진 바늘 찾기처럼 어렵다.
☐ 得天独厚 147 détiāndúhòu	특별히 뛰어난 조건을 갖고 있다, 처한 환경이 남달리 좋다 赣州凭着得天独厚的地理优势，成功建立了脐橙产业园。 간저우는 특별히 뛰어난 지리적 우세에 기대어, 성공적으로 네이블오렌지 산업 단지를 건설했다.
☐ 废寝忘食 148 fèiqǐnwàngshí	먹고 자는 것을 잊다, 전심전력하다 工程师们不分昼夜，废寝忘食地钻研，最终研发出了新系统。 엔지니어들이 밤낮을 가리지 않고 먹고 자는 것을 잊어가며 깊이 연구해서, 결국 새로운 시스템을 연구 개발해냈다.
☐ 恍然大悟 149 huǎngrándàwù	문득 크게 깨닫다, 갑자기 모두 알게 되다 他这时才恍然大悟，原来自己已经错过了千载难逢的好机遇。 그는 이제서야 비로소 자신이 알고보니 천 년에 한 번 올까 말까 하는 좋은 기회를 이미 놓쳤다는 것을 문득 크게 깨달았다.
☐ 见多识广 150 jiànduōshíguǎng	박학다식하다, 보고 들은 것이 많고 식견도 넓다 大舅走南闯北，见多识广，曾经和许多知名人士打过交道。 큰외삼촌은 각지를 돌아다녔고 박학다식했으며, 한때 많은 유명 인사와 왕래했다.
☐ 竭尽全力 151 jiéjìnquánlì	전력을 다하다, 모든 힘을 다 기울이다 医生正在竭尽全力抢救生命垂危的病人。 의사는 지금 생명이 위독한 환자에게 전력을 다해 응급 처치하고 있다.
☐ 锦上添花 152 jǐnshàngtiānhuā	금상첨화, 아름다운 비단 위에 꽃을 수놓다, 더없이 좋다　*우리말 속담: 밥 위에 떡 一部优秀的剧本若能配上合适的演员，可谓锦上添花。 우수한 대본 한 편이 만약 적합한 배우와 어울릴 수 있다면, 금상첨화라고 할 수 있다.
☐ 精益求精 153 jīngyìqiújīng	(현재도 훌륭하지만) 더욱더 완벽을 추구하다　*우리말 속담: 가는 말에 채찍질 细节决定成败，杰出的成果往往来自精益求精的态度。 디테일이 성패를 결정하고, 뛰어난 성과는 종종 더욱더 완벽을 추구하는 태도에서 나온다.
☐ 举世瞩目 154 jǔshìzhǔmù	전 세계 사람들이 주목하다 这个国家的基础科学研究取得了举世瞩目的重大成就。 이 나라의 기초 과학 연구는 전 세계 사람들이 주목할만한 중대한 성취를 얻었다.

☐ 举足轻重 155 jǔzúqīngzhòng	(대단히 중요한 위치에 있어서 일거수일투족이 전체에) 중대한 영향을 끼치다 《水浒传》作为中国四大名著之一，在中国文学史上占据着举足轻重的地位。 〈수호전〉은 중국 사대 명작 중 하나로, 중국 문학사에서 중대한 영향을 끼치는 지위를 차지하고 있다.
☐ 聚精会神 156 jùjīnghuìshén	정신을 집중하다, 열중하다　*우리말 속담: 나무칼로 귀를 베어도 모르겠다 小东伏在临窗的方桌上，聚精会神地看书。 샤오둥은 창가의 네모난 책상에 엎드려, 정신을 집중해서 책을 보고 있다.
☐ 力所能及 157 lìsuǒnéngjí	자기 능력으로 해낼 수 있다 在力所能及的范围内给予他人帮助，是值得赞赏的行为。 자기 능력으로 해낼 수 있는 범위 내에서 타인에게 도움을 주는 것은, 높이 평가할 만한 행동이다.
☐ 伶牙俐齿 158 língyálìchǐ	말주변이 뛰어나다 那个小姑娘伶牙俐齿，谁也说不过她。 그 어린 아가씨는 말주변이 뛰어나서, 누구도 그녀를 말로 이겨내지 못한다.
☐ 齐心协力 159 qíxīnxiélì	(한마음 한뜻으로) 함께 노력하다 在这一艰难时刻，大家需要团结一心，齐心协力战胜困难。 이 어려운 순간에, 모두가 한마음으로 단결하고 함께 노력해서 어려움을 극복해야 한다.
☐ 轻而易举 160 qīng'éryìjǔ	손쉽게 할 수 있다 他轻而易举地打败了对手，夺得了金牌，并打破了世界纪录。 그는 손쉽게 상대방을 물리치고 금메달을 획득했으며, 아울러 세계 최고 기록을 깨뜨렸다.
☐ 全力以赴 161 quánlìyǐfù	(어떤 일에) 최선을 다하다, 전력투구하다 相关部门正全力以赴抢救伤员，处理事故善后工作。 관련 부서는 최선을 다해 부상자에게 응급 처치하고 있으며, 사고 뒤처리를 하고 있다.
☐ 如鱼得水 162 rúyúdéshuǐ	물고기가 물을 만난 것 같다, 자신에게 적합한 환경을 만나다　*우리말 속담: 물고기가 물속에 놓여 나다 他有丰富的金融机构工作背景，因此在工作上如鱼得水。 그는 풍부한 금융 기관의 업무 경험이 있기 때문에, 일을 할 때 마치 물고기가 물을 만난 것 같았다.
☐ 如愿以偿 163 rúyuànyǐcháng	소원을 성취하다 我一直盼望着能够得到余老先生的书法作品，今天总算如愿以偿了。 나는 줄곧 위 선생님의 서예 작품을 얻을 수 있길 희망했는데, 오늘 마침내 소원을 성취했다.
☐ 闻鸡起舞 164 wénjīqǐwǔ	문계기무, 한밤중에 닭 울음소리를 듣고 일어나 무예를 연마하다 古人常用"闻鸡起舞"这个成语勉励人们奋发向上。 옛사람들은 자주 '문계기무' 이 성어를 사용해 사람들이 분발해서 더 나은 방향으로 발전하도록 격려했다.
☐ 想方设法 165 xiǎngfāngshèfǎ	갖은 방법을 다하다, 온갖 방법을 다 생각하다 他做错事后没有积极寻找解决方案，而是想方设法嫁祸于他人。 그는 잘못을 저지른 후 해결 방안을 적극적으로 찾지 않고, 갖은 방법을 다해 남에게 책임을 전가하려고 했다.
☐ 以礼相待 166 yǐlǐxiāngdài	예의를 갖춰 대하다 虽然对方是个不速之客，但这对夫妻还是以礼相待了。 비록 상대방은 불청객이었지만, 이 부부는 여전히 예의를 갖춰 대했다.
☐ 异彩纷呈 167 yìcǎifēnchéng	특색이 다양하다 在异彩纷呈的文学体裁中，诗歌始终保持着顽强的生命力。 특색이 다양한 문학 장르 중에서, 시가는 시종일관 굳센 생명력을 유지했다.
☐ 招贤纳士 168 zhāoxiánnàshì	유능한 인재를 모으다 为了解决人才紧缺的问题，这家企业不惜以重金和优越待遇招贤纳士。 인재 부족의 문제를 해결하기 위해, 이 기업은 거액의 돈과 월등한 대우를 아끼지 않고 유능한 인재를 모았다.

☀ 감정/성격 🎧 사자성어_6_감정-성격

☑ 잘 외워지지 않는 표현은 박스에 체크하며 복습하세요.

☐ 称心如意 169 chènxīnrúyì	마음에 꼭 들다, 자기 마음에 완전히 부합하다 *우리말 속담: 입에 맞는 떡 我通过互联网租房平台找到了称心如意的房子。 나는 인터넷 임대 플랫폼을 통해 마음에 꼭 드는 집을 찾았다.
☐ 垂头丧气 170 chuítóusàngqì	의기소침하다 小刘在决赛中成绩欠佳，然而她并没有因此而垂头丧气。 샤오유는 결승전에서 성적이 좋지 않았지만, 그녀는 결코 이로 인해 의기소침하지 않았다.
☐ 灰心丧气 171 huīxīnsàngqì	낙담하다 听到落榜的消息，他灰心丧气地回家了。 시험에서 떨어졌다는 소식을 듣고, 그는 낙담하며 집으로 돌아갔다.
☐ 脚踏实地 172 jiǎotàshídì	착실하다 他胸怀远大的目标，脚踏实地地为自己的梦想奋斗。 그는 원대한 목표를 가슴에 품고, 착실하게 자신의 꿈을 위해 분투한다.
☐ 筋疲力尽 173 jīnpílìjìn	기진맥진하다 黄医生连续做了三台手术，离开手术室时，人已累得筋疲力尽了。 닥터 황은 연속으로 세 번의 수술을 했고, 수술실을 떠날 때 그 사람은 이미 힘들어서 기진맥진했다.
☐ 气急败坏 174 qìjíbàihuài	(노엽거나 다급해) 몹시 허둥거리다, 노발대발하다 *우리말 속담: 골이 상투 끝까지 났다 看小周气急败坏的样子，想必又有人拿他开玩笑了。 샤오저우의 몹시 허둥거리는 모습을 보아하니, 틀림없이 누군가 또 그에게 장난을 친 것이다.
☐ 热泪盈眶 175 rèlèiyíngkuàng	눈물을 글썽거리다, 매우 감격하다 *우리말 속담: 코허리가 저리고 시다 他终于和多年未见的兄弟重逢了，两人一见面就激动得热泪盈眶。 그는 드디어 다년간 보지 못한 형제와 다시 만났고, 두 사람은 만나자마자 감격해 눈물을 글썽거렸다.
☐ 少言寡语 176 shǎoyánguǎyǔ	과묵하다 她像换了个人似的，变得少言寡语，对周围的事漠不关心。 그녀는 사람이 바뀐 것처럼 과묵해졌고, 주위의 일에 관해 냉담하게 전혀 관심을 갖지 않았다.
☐ 心灰意冷 177 xīnhuīyìlěng	낙담하다 他耗时三年创作的长篇小说被多家出版社拒绝，这让他感到心灰意冷。 그가 삼 년에 걸쳐 창작한 장편소설은 여러 출판사로부터 거절당했고, 이것은 그를 낙담하게 했다.
☐ 兴高采烈 178 xìnggāocǎiliè	기뻐 어찌할 바를 모르다 妹妹拎着大包小包的行李，兴高采烈地下了火车。 여동생은 크고 작은 짐을 손에 들고, 기뻐 어찌할 바를 모르며 기차에서 내렸다.
☐ 斩钉截铁 179 zhǎndīngjiétiě	(언행이) 단호하다, 과단성이 있다 她斩钉截铁地表示，这种违法犯罪的事情她是绝对不会去做的。 그녀는 단호하게 법을 위반하고 범죄를 저지르는 이런 일을 그녀는 절대 하지 않을 것이라 말했다.
☐ 自鸣得意 180 zìmíngdéyì	우쭐하다 她时常表现出一副自鸣得意的样子。 그녀는 자주 우쭐한 모습을 보인다.

✳ 생각/의견 🎧 사자성어_7_생각-의견

☑ 잘 외워지지 않는 표현은 박스에 체크하며 복습하세요.

☐ 各抒己见 181 gèshūjǐjiàn	**각자 자기의 의견과 생각을 말하다** 在长达5个小时的会谈中，双方各抒己见，气氛十分严肃。 장장 5시간에 달하는 회의에서, 양측은 각자 자기의 의견과 생각을 말했으며 분위기는 매우 엄숙했다.
☐ 根深蒂固 182 gēnshēndìgù	**뿌리 깊게 박히다, 기초가 튼튼해 쉽게 흔들리지 않다** 中西部地区历来比较封闭，传统观念根深蒂固。 중서부 지역은 대대로 비교적 폐쇄적이고, 전통 관념이 뿌리 깊게 박혀있다.
☐ 理所当然 183 lǐsuǒdāngrán	**(도리로 봐) 당연하다, 마땅히 이러해야 한다** 他没有在考试前认真复习，考试成绩不理想是理所当然的。 그는 시험 전에 열심히 복습하지 않았고, 시험 성적이 이상적이지 않은 것은 당연하다.
☐ 理直气壮 184 lǐzhíqìzhuàng	**당당하다, 이유가 충분해서 하는 말에 힘이 있다** 他理直气壮地回答说，那件事不是他做的。 그는 당당하게 그 일은 그가 한 것이 아니라고 대답했다.
☐ 名副其实 185 míngfùqíshí	**명실상부하다, 명성과 실상이 서로 부합되다** 云南昆明四季如春，是名副其实的"春城"。 윈난 쿤밍은 사계절이 봄과 같아서, 명실상부한 '봄의 도시'이다.
☐ 莫名其妙 186 mòmíngqímiào	**영문을 알 수 없다, 어리둥절하게 하다** 他的心情像过山车一样，时而激动，时而又莫名其妙地忧郁。 그의 기분은 마치 롤러코스터처럼, 때때로 흥분하고 때때로 또 영문을 알 수 없이 우울하다.
☐ 前所未有 187 qiánsuǒwèiyǒu	**역사상 유례가 없다, 전대미문의** 两国各领域交流合作已达到了前所未有的水平。 양국 각 분야의 교류와 협력은 이미 역사상 유례가 없는 수준에 도달했다.
☐ 潜移默化 188 qiányímòhuà	**무의식중에 영향을 주다, 은연중에 감화되다** 父母的一言一行会潜移默化地影响孩子的成长。 부모의 사소한 말과 행동은 무의식중에 아이의 성장에 영향을 준다.
☐ 若有所思 189 ruòyǒusuǒsī	**생각에 잠긴 듯하다** 他站在船头的甲板上，若有所思地看着前方。 그는 배 갑판 위에 서서, 생각에 잠긴 듯 앞을 바라보고 있다.
☐ 众说纷纭 190 zhòngshuō fēnyún	**여러 의견이 분분하다** 对于这一理论，国内外学术界众说纷纭、莫衷一是。 이 이론에 대해, 국내외 학술계의 여러 의견이 분분해 일치된 결론을 내릴 수 없다.
☐ 众所周知 191 zhòngsuǒ zhōuzhī	**모든 사람이 다 알고 있다** 众所周知，长期熬夜会对身体造成极大的伤害。 모든 사람이 다 알고 있듯이, 장기간 밤을 새우는 것은 몸에 극심한 해를 초래한다.
☐ 总而言之 192 zǒng'éryánzhī	**한마디로 말하면, 요컨대** 总而言之，这件事没有你想象的那么糟糕。 한마디로 말하면, 이 일은 당신이 상상한 것만큼 엉망이지는 않다.

QUIZ

각 사자성어에 맞는 의미를 찾아 연결하세요.

01 一帆风顺 •   • ⓐ 일목요연하다, 한눈에 환히 알다

02 五花八门 •   • ⓑ 독특한 풍격을 지니다

03 一举两得 •   • ⓒ 다양하다, 형형색색

04 一目了然 •   • ⓓ 일거양득, 일석이조

05 别具一格 •   • ⓔ 일이 순조롭게 진행되다

06 一丝不苟 •   • ⓐ (목적을 달성하기 위해) 수단과 방법을 가리지 않다

07 爱不释手 •   • ⓑ 말할 필요도 없다, 말하지 않아도 안다

08 不择手段 •   • ⓒ 얻는 것보다 잃는 것이 더 많다

09 不言而喻 •   • ⓓ 너무 좋아해 차마 손에서 떼어 놓지 못하다

10 得不偿失 •   • ⓔ 조금도 소홀히 하지 않다, 조금도 빈틈이 없다

11 坚持不懈 •   • ⓐ 아무런 근심이나 걱정이 없다

12 孜孜不倦 •   • ⓑ 꾸준하다, 느슨해지지 않고 끝까지 해나가다

13 肆无忌惮 •   • ⓒ 지칠 줄 모르고 꾸준히 하다

14 络绎不绝 •   • ⓓ (사람·수레·배 등이) 끊임없이 오가다

15 无忧无虑 •   • ⓔ 아무 거리낌없이 제멋대로 굴다

16 南辕北辙 •   • ⓐ 나날이 새로워지다, 변화와 발전이 빠르다

17 任重道远 •   • ⓑ 여기저기 두리번거리다

18 空前绝后 •   • ⓒ 맡은 바 책임은 무겁고 갈 길은 아직도 멀다

19 日新月异 •   • ⓓ 행동과 목적이 상반되다

20 东张西望 •   • ⓔ 전무후무하다, 이전에도 없었고 앞으로도 없을 것이다

정답	01 ⓔ	02 ⓒ	03 ⓓ	04 ⓐ	05 ⓑ	06 ⓔ	07 ⓓ	08 ⓐ	09 ⓑ	10 ⓒ
	11 ⓑ	12 ⓒ	13 ⓔ	14 ⓓ	15 ⓐ	16 ⓓ	17 ⓒ	18 ⓔ	19 ⓐ	20 ⓑ

21 兴致勃勃 •   • ⓐ 서로 보완하고 협력하다

22 相辅相成 •   • ⓑ 상품의 질이 좋고 값도 저렴하다

23 物美价廉 •   • ⓒ (뒤질세라) 앞을 다투다

24 争先恐后 •   • ⓓ 흥미진진하다, 흥겹다

25 安居乐业 •   • ⓔ 평안히 살면서 즐겁게 일하다

26 慷慨解囊 •   • ⓐ 이미 가진 것에 만족하다, 만족함을 알면 항상 즐겁다

27 知足常乐 •   • ⓑ 아낌없이 돈을 기부하다

28 吃喝玩乐 •   • ⓒ 순리에 따르다, 대세에 따라 자연스럽게 흘러가게 하다

29 养家糊口 •   • ⓓ 먹고 마시고 놀며 즐기다

30 顺其自然 •   • ⓔ (가까스로) 가족을 부양하다

31 举世瞩目 •   • ⓐ 먹고 자는 것을 잊다, 전심전력하다

32 恍然大悟 •   • ⓑ 전력을 다하다, 모든 힘을 다 기울이다

33 废寝忘食 •   • ⓒ 문득 크게 깨닫다, 갑자기 모두 알게 되다

34 锦上添花 •   • ⓓ 전 세계 사람들이 주목하다

35 竭尽全力 •   • ⓔ 금상첨화, 아름다운 비단 위에 꽃을 수놓다, 더없이 좋다

36 想方设法 •   • ⓐ (언행이) 단호하다, 과단성이 있다

37 斩钉截铁 •   • ⓑ 명실상부하다, 명성과 실상이 서로 부합되다

38 脚踏实地 •   • ⓒ 갖은 방법을 다하다, 온갖 방법을 다 생각하다

39 名副其实 •   • ⓓ 착실하다

40 莫名其妙 •   • ⓔ 영문을 알 수 없다, 어리둥절하게 하다

| 정답 | 21 ⓓ | 22 ⓐ | 23 ⓑ | 24 ⓒ | 25 ⓔ | 26 ⓑ | 27 ⓐ | 28 ⓓ | 29 ⓔ | 30 ⓒ |
| | 31 ⓓ | 32 ⓒ | 33 ⓐ | 34 ⓔ | 35 ⓑ | 36 ⓒ | 37 ⓐ | 38 ⓓ | 39 ⓑ | 40 ⓔ |

mp3 바로듣기

HSK 6급에서 도움이 되는 개인/일상, 산업/학업, 문화/역사 등 주제별 고득점 어휘를 반드시 암기한다.

☀ 개인/일상 🎧 고득점 어휘_1_개인–일상

☑ 잘 외워지지 않는 표현은 박스에 체크하며 복습하세요.

001 ☐	拆迁	chāiqiān	동 (원래 있던 건물을) 철거하고 이주하다
002 ☐	诚信	chéngxìn	형 성실하다
003 ☐	诚意	chéngyì	명 성의, 진심
004 ☐	憧憬	chōngjǐng	동 지향하다, 동경하다
005 ☐	聪颖	cōngyǐng	형 총명하다, 똑똑하다
006 ☐	打动	dǎdòng	동 감동시키다
007 ☐	担忧	dānyōu	동 걱정하다, 근심하다
008 ☐	淡定	dàndìng	형 침착하다, 냉정하다
009 ☐	发酵粉	fājiàofěn	명 베이킹파우더
010 ☐	感恩	gǎn'ēn	동 은혜에 감사하다
011 ☐	高雅	gāoyǎ	형 고상하고 우아하다
012 ☐	寡言	guǎyán	형 말수가 적다, 과묵하다
013 ☐	关注	guānzhù	동 관심을 가지다
014 ☐	豁达	huòdá	형 명랑하다, 활달하다
015 ☐	积蓄	jīxù	동 저축하다 명 모은 돈, 저금
016 ☐	艰辛	jiānxīn	형 고생스럽다, 고달프다
017 ☐	焦虑	jiāolǜ	형 초조하다, 마음 졸이다
018 ☐	惊叹	jīngtàn	동 놀라다
019 ☐	纠结	jiūjié	동 뒤엉키다, 뒤얽히다 형 갈등하다, 마음이 복잡하다
020 ☐	口香糖	kǒuxiāngtáng	명 껌
021 ☐	苦闷	kǔmèn	형 답답하다, 고민스럽다
022 ☐	辣椒素	làjiāosù	명 캡사이신
023 ☐	褴褛	lánlǚ	형 남루하다
024 ☐	免疫力	miǎnyìlì	명 면역력
025 ☐	谋生	móushēng	동 생계를 도모하다
026 ☐	蓬勃	péngbó	형 활발하다, 왕성하다
027 ☐	贫寒	pínhán	형 (생활이) 가난하다, 빈곤하다
028 ☐	亲近	qīnjìn	형 (서로 사이가) 가깝다, 친하다 동 친해지다
029 ☐	青睐	qīnglài	동 호감을 느끼다, 흥미를 가지다
030 ☐	热量	rèliàng	명 열량

031 ☐	热衷	rèzhōng	동 열중하다, 간절히 바라다
032 ☐	认同感	rèntónggǎn	명 동질감, 인정받는 느낌
033 ☐	韧性	rènxìng	명 끈기
034 ☐	柔软	róuruǎn	형 부드럽다
035 ☐	失落	shīluò	동 (물건을) 잃어버리다, 분실하다 형 낙담하다
036 ☐	食物理疗	shíwù lǐliáo	명 식이요법
037 ☐	抒发	shūfā	동 나타내다, 토로하다
038 ☐	碳水化合物	tànshuǐ huàhéwù	명 탄수화물
039 ☐	体魄	tǐpò	명 신체와 정신
040 ☐	天资	tiānzī	명 타고난 자질
041 ☐	挑选	tiāoxuǎn	동 고르다, 선택하다
042 ☐	投身	tóushēn	동 뛰어들다, 헌신하다
043 ☐	退缩	tuìsuō	동 위축되다
044 ☐	退役	tuìyì	동 (군인·운동선수 등이) 은퇴하다, 제대하다
045 ☐	唾液	tuòyè	명 타액
046 ☐	微博	Wēibó	고유 웨이보[중국 SNS의 일종]
047 ☐	微信	Wēixìn	고유 위챗[중국의 대중적인 모바일 메신저]
048 ☐	微信朋友圈	Wēixìn péngyouquān	고유 위챗 모멘트[중국의 메신저 '위챗'에 있는 소셜 미디어 기능 중 하나]
049 ☐	闲暇	xiánxiá	명 여가, 짬
050 ☐	享誉	xiǎngyù	동 명성을 떨치다, 명예를 누리다
051 ☐	训斥	xùnchì	동 꾸짖다, 훈계하다
052 ☐	眼界	yǎnjiè	명 시야, 안목
053 ☐	艳丽	yànlì	형 곱고 아름답다
054 ☐	抑郁症	yìyùzhèng	명 우울증
055 ☐	悠闲	yōuxián	형 한가롭다, 여유롭다
056 ☐	有氧运动	yǒuyǎng yùndòng	명 유산소 운동
057 ☐	愉悦	yúyuè	형 기쁘다, 즐겁다
058 ☐	赞赏	zànshǎng	동 칭찬하다
059 ☐	造谣	zàoyáo	동 유언비어를 퍼뜨리다
060 ☐	质疑	zhìyí	동 의문을 제기하다

✳ 산업/학업 ∩ 고득점 어휘_2_산업-학업

☑ 잘 외워지지 않는 표현은 박스에 체크하며 복습하세요.

061 ☐	阿里巴巴	Ālǐbābā	고유 알리바바[중국 최대의 전자상거래 회사]
062 ☐	保质期	bǎozhìqī	명 유통기한
063 ☐	辍学	chuòxué	동 (중도에) 학업을 그만두다
064 ☐	磁悬浮	cíxuánfú	명 자기부상
065 ☐	促销	cùxiāo	동 판매 촉진하다
066 ☐	大数据	dàshùjù	명 빅 데이터
067 ☐	低廉	dīlián	형 싸다, 저렴하다
068 ☐	订货单	dìnghuòdān	명 주문서
069 ☐	改造	gǎizào	동 리모델링하다, 개조하다
070 ☐	概率	gàilǜ	명 확률
071 ☐	高管	gāoguǎn	명 (기업의 고위) 임원
072 ☐	高薪	gāoxīn	명 높은 급여
073 ☐	供应	gōngyìng	동 제공하다, 공급하다
074 ☐	矿物质	kuàngwùzhì	명 미네랄, 광물질
075 ☐	流程	liúchéng	명 작업 과정
076 ☐	启动	qǐdòng	동 작동하다, 시행하다
077 ☐	取代	qǔdài	동 대체하다
078 ☐	燃料	ránliào	명 연료
079 ☐	人脸识别技术	rénliǎn shíbié jìshù	명 안면 인식 기술
080 ☐	拓展	tuòzhǎn	동 확대해 나가다, 개척해 발전시키다
081 ☐	温室气体	wēnshì qìtǐ	명 온실가스
082 ☐	新型	xīnxíng	형 신형의, 신식의
083 ☐	研制	yánzhì	동 연구 제작하다
084 ☐	宇航员	yǔhángyuán	명 우주 비행사
085 ☐	预计	yùjì	동 예상하다, 전망하다
086 ☐	折扣	zhékòu	명 할인
087 ☐	指纹识别技术	zhǐwén shíbié jìshù	명 지문 인식 기술
088 ☐	装置	zhuāngzhì	동 설치하다, 장치하다 명 장치
089 ☐	自驾	zìjià	동 자율주행하다
090 ☐	自由职业者	zìyóu zhíyèzhě	명 프리랜서

☀ 문화/역사 🎧 고득점 어휘_3_문화-역사

☑ 잘 외워지지 않는 표현은 박스에 체크하며 복습하세요.

091 ☐	颁奖	bānjiǎng	통 상을 수여하다, 시상하다
092 ☐	编剧	biānjù	통 대본을 쓰다 명 극작가
093 ☐	编纂	biānzuǎn	통 편찬하다
094 ☐	朝廷	cháotíng	명 조정
095 ☐	传承	chuánchéng	통 전수하고 계승하다
096 ☐	瓷器	cíqì	명 자기, 도자기
097 ☐	鼎盛	dǐngshèng	형 바야흐로 흥성하다, 한창이다
098 ☐	发掘	fājué	통 발굴하다
099 ☐	瑰宝	guībǎo	명 보배, 진귀한 보물
100 ☐	后退	hòutuì	통 후퇴하다, 뒤로 물러나다
101 ☐	吉尼斯世界纪录	Jínísī shìjiè jìlù	고유 기네스 세계 기록
102 ☐	奖项	jiǎngxiàng	명 (어떤 종목의) 상
103 ☐	解说	jiěshuō	통 해설하다
104 ☐	精髓	jīngsuǐ	명 정수[사물의 본질을 이루는 가장 중요하고 뛰어난 부분]
105 ☐	酒令	jiǔlìng	명 벌주놀이
106 ☐	科举	kējǔ	명 과거[수나라 때부터 청나라 때까지 실시한 관리 등용 시험]
107 ☐	流失	liúshī	통 유실되다
108 ☐	盲盒	mánghé	명 랜덤박스
109 ☐	拍摄	pāishè	통 촬영하다
110 ☐	琵琶	pípa	명 비파
111 ☐	权贵	quánguì	명 집권자
112 ☐	升华	shēnghuá	통 승화하다
113 ☐	圣贤	shèngxián	명 성인과 현인
114 ☐	围棋	wéiqí	명 바둑
115 ☐	戏曲	xìqǔ	명 (곤곡·경극 등) 중국의 전통적인 희곡
116 ☐	瑶族	Yáozú	고유 요족[중국 소수 민족 중 하나]
117 ☐	寓意	yùyì	명 비유적 의미, 내포된 뜻
118 ☐	蕴含	yùnhán	통 포함하다, 내포하다
119 ☐	宰相	zǎixiàng	명 재상[고대에 군주를 보좌하고, 국사를 주관했던 최고 관리]
120 ☐	追溯	zhuīsù	통 거슬러 올라가다

✦ 사회/교통 ∩ 고득점 어휘_4_사회-교통

☑ 잘 외워지지 않는 표현은 박스에 체크하며 복습하세요.

121 ☐	便捷	biànjié	혱 편리하다
122 ☐	驰骋	chíchěng	통 (말을 타고) 빨리 달리다
123 ☐	抵触	dǐchù	통 저촉되다, 대립되다
124 ☐	抵挡	dǐdǎng	통 저항하다, 저지하다
125 ☐	颠覆	diānfù	통 전복하다, 뒤집히다
126 ☐	革新	géxīn	통 혁신하다
127 ☐	共存	gòngcún	통 공존하다
128 ☐	共赢	gòngyíng	통 모두가 이익을 얻다, 함께 이기다
129 ☐	互动	hùdòng	통 상호 작용을 하다
130 ☐	机制	jīzhì	명 체제, 메커니즘
131 ☐	苛求	kēqiú	통 지나치게 요구하다
132 ☐	拦截	lánjié	통 (길을) 가로막다, 차단하다
133 ☐	滥用	lànyòng	통 남용하다
134 ☐	利弊	lìbì	명 좋은 점과 나쁜 점, 이로움과 폐단
135 ☐	迷失	míshī	통 (방향·길 등을) 잃다
136 ☐	平台	píngtái	명 플랫폼
137 ☐	扑灭	pūmiè	통 (불을) 진압하다
138 ☐	强盛	qiángshèng	혱 (국가 등의 세력이) 강성하다
139 ☐	强行	qiángxíng	부 강제로, 억지로
140 ☐	驱动	qūdòng	통 구동하다, 시동을 걸다
141 ☐	绕道	ràodào	통 우회하다
142 ☐	弯路	wānlù	명 돌아가는 길, 우회로
143 ☐	旺季	wàngjì	명 성수기, 한창인 때
144 ☐	下班高峰期	xiàbān gāofēngqī	명 퇴근 시 교통이 혼잡한 시간, 러시아워
145 ☐	行驶	xíngshǐ	통 운행하다
146 ☐	油门	yóumén	명 가속페달
147 ☐	召集	zhàojí	통 소집하다, 불러 모으다
148 ☐	拯救	zhěngjiù	통 구조하다
149 ☐	整治	zhěngzhì	통 관리하다, 다스리다
150 ☐	追逐	zhuīzhú	통 추구하다, 뒤쫓다

☀ 자연/인생 🎧 고득점 어휘_5_자연-인생

☑ 잘 외워지지 않는 표현은 박스에 체크하며 복습하세요.

151	☐	包容	bāoróng	통 포용하다, 수용하다
152	☐	捕食	bǔshí	통 먹이를 잡아먹다
153	☐	初衷	chūzhōng	명 본래의 뜻, 초심
154	☐	地壳	dìqiào	명 지각[지구의 바깥쪽을 차지하는 부분]
155	☐	地形	dìxíng	명 지형
156	☐	洞穴	dòngxué	명 (지하나 산중의) 땅굴, 동굴
157	☐	芳香	fāngxiāng	명 향기 형 향기롭다
158	☐	风情	fēngqíng	명 풍토와 인정
159	☐	谷底	gǔdǐ	명 최저점, 골짜기의 맨 밑바닥
160	☐	海啸	hǎixiào	명 해일, 쓰나미
161	☐	极光	jíguāng	명 오로라
162	☐	节气	jiéqi	명 절기
163	☐	静电	jìngdiàn	명 정전기
164	☐	酷暑	kùshǔ	명 더운 여름, 폭염
165	☐	秘诀	mìjué	명 비결
166	☐	牡丹	mǔdan	명 모란
167	☐	生涯	shēngyá	명 생애
168	☐	湿地	shīdì	명 습지
169	☐	塑料	sùliào	명 플라스틱
170	☐	微生物	wēishēngwù	명 미생물, 세균
171	☐	乡愁	xiāngchóu	명 향수[고향을 그리워하는 마음]
172	☐	新能源	xīnnéngyuán	명 대체 에너지, 신에너지
173	☐	岩浆	yánjiāng	명 마그마
174	☐	藻类	zǎolèi	명 조류[뿌리, 줄기, 잎이 구별되지 않는 식물]
175	☐	绽放	zhànfàng	통 (꽃이) 피어나다
176	☐	真菌	zhēnjūn	명 곰팡이
177	☐	植被	zhíbèi	명 식물, 초목
178	☐	质地	zhìdì	명 재질, 인품
179	☐	滋生	zīshēng	통 번식하다
180	☐	紫外线	zǐwàixiàn	명 자외선

QUIZ

■ 각 고득점 어휘에 맞는 의미를 찾아 연결하세요.

01 谋生 •　　　　•　ⓐ 지향하다, 동경하다

02 感恩 •　　　　•　ⓑ 침착하다, 냉정하다

03 褴褛 •　　　　•　ⓒ 은혜에 감사하다

04 憧憬 •　　　　•　ⓓ 남루하다

05 淡定 •　　　　•　ⓔ 생계를 도모하다

06 投身 •　　　　•　ⓐ 끈기

07 眼界 •　　　　•　ⓑ 활발하다, 왕성하다

08 韧性 •　　　　•　ⓒ 시야, 안목

09 抒发 •　　　　•　ⓓ 뛰어들다, 헌신하다

10 蓬勃 •　　　　•　ⓔ 나타내다, 토로하다

11 退缩 •　　　　•　ⓐ 판매 촉진하다

12 悠闲 •　　　　•　ⓑ 위축되다

13 艳丽 •　　　　•　ⓒ 곱고 아름답다

14 促销 •　　　　•　ⓓ 한가롭다, 여유롭다

15 供应 •　　　　•　ⓔ 제공하다, 공급하다

16 预计 •　　　　•　ⓐ 대체하다

17 研制 •　　　　•　ⓑ 작업 과정

18 取代 •　　　　•　ⓒ 자율주행하다

19 自驾 •　　　　•　ⓓ 연구 제작하다

20 流程 •　　　　•　ⓔ 예상하다, 전망하다

정답	01 ⓔ	02 ⓒ	03 ⓓ	04 ⓐ	05 ⓑ	06 ⓓ	07 ⓒ	08 ⓐ	09 ⓔ	10 ⓑ
	11 ⓑ	12 ⓓ	13 ⓒ	14 ⓐ	15 ⓔ	16 ⓔ	17 ⓓ	18 ⓐ	19 ⓒ	20 ⓑ

21 传承 •   • ⓐ 유실되다

22 流失 •   • ⓑ 전수하고 계승하다

23 发掘 •   • ⓒ 랜덤박스

24 编纂 •   • ⓓ 편찬하다

25 盲盒 •   • ⓔ 발굴하다

26 追溯 •   • ⓐ 남용하다

27 蕴含 •   • ⓑ 편리하다

28 滥用 •   • ⓒ 혁신하다

29 革新 •   • ⓓ 포함하다, 내포하다

30 便捷 •   • ⓔ 거슬러 올라가다

31 拯救 •   • ⓐ 구조하다

32 强行 •   • ⓑ 성수기, 한창인 때

33 旺季 •   • ⓒ 플랫폼

34 平台 •   • ⓓ 강제로, 억지로

35 捕食 •   • ⓔ 먹이를 잡아먹다

36 秘诀 •   • ⓐ 본래의 뜻, 초심

37 海啸 •   • ⓑ 풍토와 인정

38 生涯 •   • ⓒ 해일, 쓰나미

39 风情 •   • ⓓ 생애

40 初衷 •   • ⓔ 비결

정답	21 ⓑ	22 ⓐ	23 ⓔ	24 ⓓ	25 ⓒ	26 ⓔ	27 ⓓ	28 ⓐ	29 ⓒ	30 ⓑ
	31 ⓐ	32 ⓓ	33 ⓑ	34 ⓒ	35 ⓔ	36 ⓔ	37 ⓒ	38 ⓓ	39 ⓑ	40 ⓐ

"有志者事竟成。"

하고자 하면 못 해낼 일이 없다.